Konrad-Adenauer-Stiftung

Interne Studien Nr. 76/1994

Patrick Moreau/Viola Neu

DIE PDS ZWISCHEN LINKSEXTREMISMUS UND LINKSPOPULISMUS

Sankt Augustin, April 1994

ISBN 3-930163-31-4

Interne Studien
Nummer 76/1994

Herausgegeben von der
Konrad-Adenauer-Stiftung

Bereich Forschung und Beratung

Redaktion: Jürgen Hoffmann

Patrick Moreau/Viola Neu

DIE PDS ZWISCHEN LINKSEXTREMISMUS UND LINKSPOPULISMUS

Übersetzt aus dem
Französischen von
Roxane Sajuk

Die Reihe kann bezogen werden von der
Konrad-Adenauer-Stiftung
Bereich Forschung und Beratung
Referat für Publikationen
und Kommunikation
Postfach 1420
D-53732 Sankt Augustin
Telefax 02241/246-547

Konrad-Adenauer-Stiftung
Herstellung: Graphische Kunstanstalt
Gehringer GmbH, Kaiserslautern
Umschlaggestaltung: Herbert Dörnemann, Neuss

Printed in Germany

ISBN 3-930163-31-4

Inhalt

Zusammenfassung

Die PDS ist Ende 1989 durch schlichte Umbenennung aus der diktatorischen SED hervorgegangen. Vier Jahrzehnte lang hat diese Partei freiheitlich-demokratische Grundsätze mißachtet. Die PDS behauptet, sie habe sich zu einer unzweifelhaft demokratischen Kraft gewandelt. Ihre Geschichte seit 1990 zeigt aber, daß die Partei immer nur auf die Ereignisse *reagierte*, ohne den inneren Erneuerungsprozeß von sich aus voranzutreiben. Der begrenzte politische Wandel ist deshalb im Grunde nur eine Verteidigungs- oder Überlebensstrategie, die Antwort auf ein als feindlich empfundenes politisches, wirtschaftliches und soziales Umfeld. Von innerer Überzeugung war dieser Wandel sicher nicht geleitet. Die diktatorische Vergangenheit haftet der Partei nach wie vor an.

Die halbherzige Vergangenheitsbewältigung der PDS folgte bis zu einem gewissen Grad dem Muster der Chruschtschowschen Entstalinisierung. Verantwortlich gemacht werden Personen; die Strukturen werden dagegen kaum kritisch beleuchtet, geschweige denn in Frage gestellt. Die innerparteilichen Verhältnisse sind durch einen streng limitierten Pluralismus (Pseudopluralismus) gekennzeichnet. Die Allmacht des Parteipräsidiums, heute ist es nur noch eine kleine Gruppe innerhalb des verkleinerten Parteivorstandes (Gysi, Brie, Bartsch, Bisky), ist ungebrochen. Der offiziell abgelehnte "demokratische Zentralismus" kehrt also durch die "Hintertür" wieder zurück.

Es bestehen zahlreiche personelle Verflechtungen der PDS mit Organisationen, deren linksextremer Charakter evident ist. Der linksextremistisch inspirierten Strategie der PDS steht ihre linkspopulistische Taktik gegenüber. Die PDS versucht, vorhandenen gesellschaftlichen Protest sowie diffuse soziale Ängste in der Bevölkerung für sich zu nutzen. Durch das taktische Aufgreifen bestimmter "moderner" politischer Themen will sie ihre gesellschaftliche Breitenwirkung und Akzeptanz steigern. Dabei greift die PDS auf klassische kommunistische Unterwanderungsmethoden zurück. So hat die Partei mehrere, ineinander verwobene, politische Kampagnen gestartet, darunter der sogenannte "Antifa-Kampf", die Unterwanderung der Gewerkschaften und die Unterstützung von Konflikten im Arbeitsleben. Die Aktivitäten der PDS erstrecken sich aber auch auf Umweltschutz- und Frauengruppen sowie außerparlamentarische Protestgruppen.

Die PDS kann als "postkommunistisch" bezeichnet werden. Gemeint ist nicht, daß sie sich von der kommunistischen Ideologie und Praxis grundlegend abgewendet hat. Die postkommunistische Dimension bezieht sich vielmehr auf die neue Rolle der PDS in einem veränderten politischen und gesellschaftlichen System. Sie handelt wie eine modernisierte kommunistische Partei westlicher Prägung.

Die Frage, welche Rolle die PDS künftig im Parteiensystem spielen kann, ist zum gegenwärtigen Zeitpunkt nicht abschließend zu beantworten. Vieles deutet darauf hin, daß es der PDS nicht gelingen wird, sich in Westdeutschland zu etablieren. Alle bisherigen Versuche, die Partei im Gebiet der alten Bundesrepublik zu einer relevanten politischen Größe zu machen, sind kläglich gescheitert. Aus diesem Grunde versteht sich die PDS gegenwärtig in erster Linie als Vertreterin der Interessen der ostdeutschen Bevölkerung. Den deutschen Einigungsprozeß sieht sie ausschließlich unter negativen Vorzeichen. Sie spricht die Bürger in den neuen Ländern als Einigungs- bzw. Modernisierungsverlierer an. Über die Rolle ihrer Vorgängerorganisation SED, die alleine verantwortlich für die Zustände in der früheren DDR war, verliert sie dagegen kein Wort.

Die PDS wird im "Superwahljahr" 1994 versuchen, mit einer personenbezogenen Strategie in den Bundestag zurückzukehren. Zugkräftige Kandidaten sollen helfen, auch diejenigen Bürger anzusprechen, die der PDS als Partei mit Vorbehalten gegenüberstehen.

Die PDS bleibt zumindest eine linksradikale Partei. Sie hat ihre Themen und ihre Strategie den veränderten politischen Rahmenbedingungen angepaßt, d.h. modernisiert, hält aber strikt am Sozialismus als visionärer gesellschaftlicher Projektion fest und stellt sich damit klar gegen die parlamentarische Demokratie. Obwohl sie den "Sieg" des Kapitalismus über den "bürokratisch entarteten" Sozialismus akzeptiert, konzentriert sie all ihre Kräfte auf eine destruktive Opposition gegen die marktwirtschaftliche Ordnung. Die Institutionen der parlamentarischen Demokratie werden von der PDS lediglich benutzt, um für das sozialistische "Endziel" zu kämpfen.

1. Einleitung

Auch im "Superwahljahr" 1994 hat der Appell, den Wolfgang Berghofer anläßlich seines Austrittes aus der SED/PDS im Januar 1990 verfaßte, nichts von seiner Aktualität verloren: "Die alte SED und ihre Führung haben die DDR in beschämender und unverantwortlicher Weise ruiniert, politisch, wirtschaftlich und moralisch. Dadurch wurden alle Mitglieder der Partei, auch die kritischen, reformwilligen, sittlich in Verruf gebracht und ihrer politischen Heimat beraubt. [...] Wir, die wir uns persönlich aktiv für die radikale Erneuerung der SED/PDS eingesetzt haben, sehen nicht die politische Kraft dieser Partei, sich grundsätzlich zu verändern und die tiefe Krise in unserem Land an der Seite der demokratischen Kräfte mit zu überwinden."[1]

1994 wird sich entscheiden, ob die PDS auch künftig eine Partei mit bundespolitischem Anspruch sein wird, oder ob sie von den Wählern in die Rolle einer ostdeutschen Regionalpartei gedrängt wird. Die Partei ist sich bewußt, daß es in diesem Jahr um ihre Existenz geht. Bei der zweiten gesamtdeutschen Bundestagswahl im Oktober 1994 wird die PDS unter veränderten Bedingungen versuchen, in den Bundestag zurückzukehren: Im Unterschied zu 1990 gilt die 5-Prozent-Sperrklausel im Wahlrecht bundesweit.

Um ihr politisches Überleben zu sichern, hat die PDS ihre politischen und gesellschaftlichen Aktivitäten in der letzten Zeit erheblich ausgeweitet. Als aktuelle Beispiele können die Bündnispolitik der PDS mit den Gerechtigkeitskomitees, die "Antifaschismus-Kampagne" sowie die Versuche zur Unterwanderung des DGB angeführt werden.

Eine Untersuchung des Profils der PDS erscheint notwendiger denn je, zumal seit einiger Zeit - vor allem in Ostdeutschland - im Zusammenhang mit einer aufkeimenden DDR-Nostalgie häufig von einer gestiegenen gesellschaftlichen Akzeptanz der PDS gesprochen wird. Um das Wesen der PDS zu verstehen, ist eine kurze Darstellung des Begriffs *Populismus* unausweichlich. Unter Linkspopulismus wird die Strategie der PDS verstanden, diffuse und unterschwellig vorhandene soziale Ängste und Nöte politisch zu instrumentalisieren. Die PDS sieht sich diesem Konzept zufolge sozusagen als "Partei des sozialen Gewissens".

Dem PDS-Populismus liegt nicht nur - dies zeigt eine Analyse der Programme der Partei - ein wohlkalkulierter Verzicht auf eine realistische Bestandsaufnahme der Handlungsspielräume von Politik zugrunde. Was noch schlimmer wiegt, ist die

---

1 Wolfgang Berghofer, ehemaliger Oberbürgermeister von Dresden, war eine der wichtigsten Persönlichkeiten des Reformerflügels der SED. Er setzte auf die Erneuerung der Partei, sah aber rasch ein, daß diese unmöglich war. Da seine Popularität mit der von Modrow durchaus mithalten konnte, bewirkte sein Austritt im Januar 1990 eine Verschärfung des organisatorischen Niedergangs der SED/PDS.

Tatsache, daß die PDS die Verantwortung, die sie als SED für die Misere in Ostdeutschland trägt, im Wege einer einzigartigen Geschichtsfälschung zurückweist und stattdessen Demokratie und Marktwirtschaft für die Schwierigkeiten beim Aufbau der neuen Länder verantwortlich macht. Den alten Ländern kommt somit eine "Sündenbock"-Funktion zu. Gleichzeitig bietet sie für die komplexen Probleme vermeinlich einfache Lösungen an.

Um die Frage zu beantworten, um was für einem Typ von Partei es sich bei der PDS handelt, bedarf es einer sorgfältigen Analyse ihrer Ideologie und praktischen Politik. In dieser Studie werden, ausgehend von einer knappen Darstellung der Parteigeschichte, die Organisationsstruktur, die Programmentwicklung, die Bündnispolitik, die internationalen Beziehungen, das Wählerpotential und die Wahlkampfstrategien der PDS untersucht. Erst in der Verknüpfung dieser Faktoren ist das "Phänomen" PDS zu verstehen.

2. Von der SED zur PDS: Die verpaßte Erneuerung

Mit ihrer Flucht in eine "Scheinwelt", deren Stabilität durch einen allgegenwärtigen Unterdrückungsapparat gesichert wurde, hatte die SED-Führung um Erich Honecker, spätestens seit 1985, den Blick für die Realitäten in der DDR verloren. Das autoritäre, zentralistische System - mit seinem aufgeblähten bürokratischen Apparat - erwies sich als unfähig, der landesweit zunehmenden Destabilisierung entgegenzuwirken. Die Gemengelage von politischen, wirtschaftlichen, sozialen, kulturellen und ökologischen Herausforderungen und Krisenerscheinungen führte in einem sich wandelnden internationalen Umfeld zum raschen Ende der uneingeschränkten SED-Herrschaft.

Die Krise der SED wurde durch den Widerstand der Parteiführung gegen Gorbatschows Glasnost- und Perestrojka-Politik verschärft. Die Fluchtwelle und die im Sommer 1989 einsetzenden Demonstrationen, deren Umfang von Woche zu Woche größer wurden, waren nicht nur Ausdruck einer tiefen Perspektivenlosigkeit; sie spiegelten zugleich eine rapide zunehmende Unzufriedenheit in der Bevölkerung mit der Versorgungslage wider. Die dogmatische Verblendung Honeckers führte dazu, daß die meisten seiner bisherigen Gefolgsleute im Politbüro sich von ihm abwandten. Der durch seine Vergangenheit belastete Honecker-Nachfolger Egon Krenz stieß weder in der Bevölkerung noch an der Basis der SED auf Zustimmung. Gestärkt wurde dagegen die Stellung seines Konkurrenten Hans Modrow, der das Vertrauen Moskaus hatte und dem es gelang, einen Kreis um sich zu versammeln (Wolfgang Berghofer, Gregor Gysi, Markus Wolf), der später die Führungsmannschaft der SED/PDS begründen sollte.

Das primäre politische Interesse der SED/PDS bestand darin, ihre Macht so lange wie möglich zu erhalten. Die von der SED/PDS immer wieder beschworenen, von der Regierung Modrow aber selten verwirklichten Reformen, waren nicht als der Weg zu einer Demokratie im westlichen Sinne gedacht, sondern sollten letztlich die alten Strukturen stabilisieren. Zu dieser Zeit forderten Bevölkerung und Parteibasis zwar vehement eine sofortige Selbstauflösung der SED/PDS. Gregor Gysi, der neue starke Mann in der Parteiführung (Hans Modrow, Wolfgang Berghofer, Wolfgang Pohl, André Brie waren damals die anderen dominanten Persönlichkeiten), entschied sich aber für die Kontinuität um jeden Preis.

Mit Hans Modrow als Spitzenkandidaten gelang es der Partei bei der Volkskammerwahl vom 18. März 1990, sich zu stabilisieren. Mit 16,4 % erzielte die PDS ein überraschend gutes Ergebnis. Nach dieser Wahl wurde die PDS - die früher allmächtige Staatspartei - zur Oppositionspartei. Unter der Führung von Gregor Gysi und Hans Modrow stellte sie fortan den Kampf gegen den Einigungsprozeß in das Zentrum ihrer Politik. Ab dem Frühjahr 1990 bereitete sie mit Hilfe ehemaliger "Erneuerer" der Deutschen Kommunistischen Partei (DKP) auch ihre Ausdehnung nach Westdeutschland vor.

2.1 Das organisatorische Selbstbild der PDS: eine sozialistische Basis- und Strömungspartei

Die innerparteiliche Entwicklung der PDS seit 1990 weist eine wichtige Konstante auf: Jede innerparteiliche Opposition wird eingegrenzt und vom Entscheidungsfindungsprozeß ausgeschlossen. Die politisch-programmatischen Differenzen werden systematisch durch Aufrufe zur Solidarität und Geschlossenheit unterdrückt. Das von den Grünen entliehene Schlagwort von der Basisdemokratie deutet zwar auf eine organisatorische Vielfalt hin (Interessengemeinschaften, Arbeitsgemeinschaften, Plattformen), aber diese Zirkel werden durch verschiedene Kontrollmechanismen daran gehindert, gegen die Interessen oder ideologischen Vorstellungen des Präsidiums oder des Parteivorstandes tätig zu werden. Diese Machtkonzentration in den Händen Weniger erinnert an die bekannte Praxis des Leninismus: Es zählt nur die Effizienz; Oppositionelle werden neutralisiert oder aus der Partei gedrängt.

Die Wirksamkeit dieser Praxis wird aber erst durch eine passive Parteibasis ermöglicht, die bis zum heutigen Tage fast allen Maßnahmen der Führung - deren Machtanspruch nahezu unbegrenzt ist - widerspruchslos folgt. Die Herrschaftspraktiken reichen bis in den Kern des PDS-Apparates. Die Macht liegt nicht in den Händen der vom Parteitag gewählten Führung, sondern konzentriert sich auf einen Führungszirkel, der auf wenige Vertraute des Vorsitzenden beschränkt ist.

Bereits unter Gregor Gysi kontrollierte das Präsidium[2] der PDS, eine stark verkleinerte Ausgabe des Parteivorstands, das sich aus engen Mitarbeitern Gysis zusammensetzte, den Vorstand und instrumentalisierte ihn. Alle wichtigen Entscheidungen (z.B. die Ernennung von verantwortlichen Parteikadern, finanzielle Transaktionen) fällte das Präsidium am Vorstand - der die Partei nur nominell leitete - vorbei. Auch wurde der Parteivorstand über Entscheidungen häufig zu spät in Kenntnis gesetzt.[3] Obwohl dies bereits im Verlauf des zweiten Parteitages (1991) bekannt wurde, änderte sich auch später nichts an der parteiinternen Machtgeographie.

Auch ein anderes für kommunistische Parteien typisches Prinzip, die Kontrolle aller Parteigliederungen von oben nach unten durch den Kern des Apparats, wird

---

2 Das Präsidium setzte sich zusammen aus dem Parteivorsitzenden, seinen Stellvertretern, den Leitern der Kommissionen, dem Schatzmeister und den Fraktionsvorsitzenden der Partei in der obersten Ebene sowie weiteren gewählten Mitgliedern (Vgl. 28 Abs. 2 des Statuts der PDS vom Februar 1990). Der Parteivorstand wurde 1991 von 70 auf 18 Personen reduziert. Danach wurde das Präsidium abgeschafft. Dem Vorstand gehörten fortan nur noch Anhänger der Linie Brie-Gysi an.

3 Bericht der Parteivorstandes an den 2. Parteitages der PDS, in: PDS, 2. Parteitag, 1. Tagung, Berlin 26./27 Januar 1991, S. 75.

von der PDS offensichtlich systematisch angewandt. Dies wird allerdings durch die erwähnte Passivität der Parteibasis erheblich erleichtert. Auch der Parteirat, durch Beschluß des 2. PDS-Parteitags im Januar 1991 zur Stärkung der innerparteilichen Kontrolle eingerichtet, wurde zum Opfer des Machthungers des Präsidiums. Nach dem Statut ist der Parteirat "ein Delegiertengremium der Gesamtpartei mit Konsultativ-, Kontroll- und Initiativfunktion gegenüber dem Parteivorstand".[4] "Er nimmt zur Tätigkeit des Parteivorstandes Stellung, kontrolliert sie [...] und kann nötigenfalls seinen Einspruch geltend machen. [...] Der Parteirat widerspiegelt die wirksamsten in der Partei vorhandenen Positionen und Strömungen."[5] Zwar sollten alle ideologisch oder inhaltlich gegliederten Basisgruppen (Arbeitsgemeinschaften, Interessengemeinschaften, Plattformen) nach einem festgelegten Schlüssel im Parteirat vertreten sein, seine Konzeption war dennoch von Anfang an unausgewogen. Den Landesverbänden kam allein zwei Drittel der Sitze zu, der Rest war überwiegend Vertretern der Interessen- und Arbeitsgemeinschaften vorbehalten. Die Tatsache, daß die Kommunistische Plattform nur zwei Sitze im Parteirat hat, andere kritische Strömungen sogar keine, beweist, daß es dem Präsidium der PDS gelungen war, sich auch diese Instanz, die die innerparteiliche Demokratie stärken sollte, weitgehend gefügig zu machen. Ein zusätzliches Kontrollmittel, das die Parteiführung anwandte, war die Vergabe finanzieller Zuwendungen. Geld erhielten vor allem die Interessen- und Arbeitsgemeinschaften, die die Entscheidungen des Präsidiums unterstützten.

Die Arbeitsgemeinschaft "Junge GenossInnen" übte kürzlich harte Kritik am kaum noch versteckten zentralistischen Machtanspruch der Führung: In einer Erklärung zum Wahlparteitag vom März 1994 (Widerstand in der PDS ist bitter nötig) heißt es: "Wir denken, daß von Offenheit wohl kaum eine Rede sein kann, wenn Diskussionsprozesse in Vorständen nicht nachvollziehbar sind; über Koalitionen und Pöstchenvergabe schon vorab in Hinterzimmern entschieden wird bzw. werden soll, Positionen und Meinungen aus wahltaktischen Erwagungen nicht öffentlich diskutiert werden können; die KandidatInnennominierung organisiert wird, wie die Arbeit auf einem Verschiebe- und Rangierbahnhof und damit Mitgliederrechte eklatant verletzt und mißachtet werden."[6]

Die Geschlossenheit und Stärke der Partei ist Voraussetzung für eine effektive, von der PDS dominierte Bündnispolitik. Die Basisdemokratie ist gleichsam der Köder,

---

4 § 8 Abs. 2 des Statuts der PDS in der Fassung vom Juni 1991.

5 § 8 Abs. 2/5 des Statuts der PDS in der Fassung vom Juni 1991; vgl. auch den Beschluß des 2. Parteitages der PDS über die Bildung eines Parteirates, in: PDS, 2. Parteitag, 1. Tagung, Berlin 26./27. Januar 1991, S. 203f.

6 AG "Junge GenossInenen" in und bei der PDS, Friedlich oder militant - wichtig bleibt der Widerstand. Bundeskongreß Magdeburg, 22./23.1.1994, Zusammenstellung der Beschlüsse und Ergebnisse. Dem Geschäftsführenden Ausschuß gehören Angela Marquard, Halina Wawzyniak, Marco Tech und Thomas Berthel an.

mit dem mögliche Verbündete (z.B. Gewerkschaften, ökologische und antifaschistische Gruppen, Friedensbewegung) angesprochen werden sollen. Ziel ist es, diese "Verbündeten" zu infiltrieren, sie möglichst stark zu beeinflussen und sie für die eigenen Ziele zu instrumentalisieren. Die Parteiprogramme der PDS, die einen weiten Bogen von ökologischen über demokratische bis hin zu sozialen Zielsetzungen spannen, haben im Sinne dieser Unterwanderungsstrategie einen rein funktionalen Charakter. Der Kern der PDS-Tätigkeit konzentriert sich auf die subversive Praxis.

2.2 *Mitgliederentwicklung und -soziologie*

Über die soziale Zusammensetzung der PDS-Mitglieder waren lange Zeit nur ungenaue Angaben verfügbar. Seit der Wende vom Herbst 1989 mußte die PDS einen dramatischen Mitgliederverlust hinnehmen. Zu Beginn des Jahres 1994 hatte die PDS noch gut 130.000 Mitglieder.

Tabelle 1: Mitgliederentwicklung der SED, SED/PDS, PDS 1989-1994

Oktober 1989	2.300.000
Dezember 1989	1.463.762
Februar 1990	650.000/700.000
Mai 1990	450.000 [a)]
Juni 1990	350.491
Dezember 1990	284.000
Juni 1991	242.141 [b)]
Dezember 1991	172.579 [c)]
Dezember 1992	146.742 [d)]
März 1994	131.000 [e)]

a) Gregor Gysi, PDS. Auf dem Weg der Erneuerung. Klausurtagung des Parteivorstandes am 12./13. Mai 1990; Referat auf der Klausurtagung, S. 45f.

b) Quellen: Parteidokumente; Finanzberichte; Bundesgeschäftsführer. Siehe auch: Von den Anfängen; eine illustrierte Chronik der PDS, Berlin 1994.

c) Bezogen auf diese Mitgliederzahl lag die durchschnittliche Beitragszahlung im 1. Halbjahr 1991 bei 86,7 Prozent (= 156.000 zahlende Mitglieder).

d) Davon 1.150 in Westdeutschland. Bundestags-Drucksache, 12/6140.

e) Davon 1.180 in Westdeutschland. Lothar Bisky, Auf daß der Wind sich drehe, Rede auf der 3. Tagung des 3. Parteitages, Manuskript, März 1994. Erfaßt sind die zahlenden Mitglieder.

In den Ländern entwickelten sich die Mitgliederzahlen wie folgt:

Tabelle 2: Mitgliederentwicklung der PDS in den Ländern

	1990	1991	1992 [e]	1993	März 1994
Berlin	50.281 [a]	34.621	27.062	25.806	23.000
Sachsen	71.510	40.000 [f]	39.876	36.000	-
Brandenburg	46.262	36.000 [b]	22.864	-	20.000
Sachsen-Anhalt	43.745	26.000 [f]	-	18.500	-
Thüringen	39.053	25.000 [f]	-	20.000 [c]	-
Mecklenburg-Vorpommern	33.031	20.000 [f]	-	17.500 [d]	-

a) Nur Berlin (Ost).

b) Von Januar bis Ende Juni 1991 waren in Brandenburg 2.068 Mitglieder ausgetreten. Dem standen 72 Eintritte gegenüber. 13.000 eingetragene Mitglieder, d.h. fast jedes dritte Mitglied, zahlte keinen Beitrag. In ca. 20 bis 30 Prozent der Orte gab es keine PDS-Mitglieder mehr. Im Landesverband war die Anzahl der Mitglieder unter 30 Jahren auf 2.767 gefallen (vgl. Lothar Bisky, Brandenburger Befindlichkeiten, Probleme und Programme, in: PID, Nr. 29/91, 19. Juli 1991; vgl. auch Der Tagesspiegel, 8.6.1991.).

c) Die Welt, 14.9.1993.

d) Ebd.

e) PID, Nr. 17, 30.4.1993 (Zahlen per 31.12.1992).

f) FAZ, 8.10.1991

Die PDS ist von ihrer soziologischen Zusammensetzung her eine sehr alte Partei. Im Januar 1991 belief sich der Anteil der Mitglieder unter 30 Jahre auf 8,9 Prozent. Dagegen war fast jedes zweite Mitglied (47,8 %) Rentner.[7] 95 Prozent der Mitglieder sind frühere SED-Mitglieder.[8] An diesen Zahlen hat sich in der Zwischenzeit kaum etwas geändert.

---

7 Bericht des Parteivorsitzenden zur Entwicklung der Partei auf der 1. Tagung des 2. Parteitages der Partei des Demokratischen Sozialismus, Berlin, 26/27. Januar 1991, S. 30.

8 Henry Friebe, Gerry Woop, Analyseversuch zur Situation der PDS, in: Arbeitsmaterial, 7, Tätigkeit des Parteivorstandes und Materialien aus den Arbeitsgruppen, Berlin 1991, S. 23ff.

Tabelle 3: Altersstruktur der PDS-Mitglieder 1991 (in Prozent)	
unter 25 Jahre	4
25-30 Jahre	6
30-40 Jahre	16
40-60 Jahre	34
60-70 Jahre	26
70 Jahre und älter	14
Gesamt	100

Quelle: Patrick Moreau: Die PDS, Bonn 1992, S. 364

Nach einer im Mai 1990 durchgeführten soziologischen Bestandsaufnahme der PDS war die Partei in 16.090 Basisgruppen organisiert. Davon waren 2.500 in Betrieben und anderen Einrichtungen tätig. Die PDS hatte sich also hauptsächlich in die Wohngebiete "zurückgezogen" und die Betriebe unter dem Druck der Arbeiter praktisch aufgegeben.[9] Die Zahl der Basisorganisationen sank bis zum September 1990 um 3.316 auf 12.774.[10]

Angesichts der beunruhigenden Tendenzen in der Mitgliederentwicklung beauftragte die PDS ein parteinahes Institut (Institut für Sozialdatenanalyse - ISDA), das von einem ehemaligen Verantwortlichen für Datenverarbeitung beim Zentralkomitee der SED, Dr. Dietmar Wittich, geleitet wird, eine systematische Bestandsaufnahme durchzuführen. Dieser ISDA-Studie[11] von 1991 zufolge ist die PDS zugleich eine Solidargemeinschaft, eine Interessengemeinschaft und eine politische (Programm-)Gemeinschaft".

<u>Solidargemeinschaft:</u> Die Umwandlung der PDS zu einer Heimat, Gemeinschaft bzw. einem Familienersatz in einer feindlich gewordenen gesellschaftlichen Umwelt ist typischer Ausdruck einer Rückzugsphase, die zur allmählichen Mutation

9 Gregor Gysi, PDS. Auf dem Weg der Erneuerung. Referat auf der Klausurtagung des Parteivorstandes am 12./13. Mai 1990, S. 45 f.

10 Bericht des Parteivorsitzenden zur Entwicklung der Partei auf der 1. Tagung des 2. Parteitages der Partei des Demokratischen Sozialismus, Berlin, 26/27. Januar 1991, S. 30.

11 Grundlage der Untersuchung stellte eine schriftliche standardisierte Befragung dar, die in den ersten Mai-Tagen 1991 durchgeführt wurde. Hinzu kamen ergänzende Gruppengespräche. Eine erste Analyse wurde an die Delegierten der PDS der 2. Tagung des 2. Parteitages verteilt. Vgl. Mitgliederbefragung der PDS 1991, Strukturen, politische Aktivitäten und Motivationen in der PDS, 63 S. Die folgenden Zitate und Zahlen beziehen sich, sofern nicht anders vermerkt, auf die ISDA-Studie.

der Partei zur politischen Sekte führen könnte. Da die PDS sich bis heute fast ausnahmslos aus ehemaligen SED-Genossen zusammensetzt, war das innerparteiliche Klima vor allem anfangs von einer tiefen Verunsicherung geprägt.

Das ISDA definierte die PDS weiterhin als eine Interessengemeinschaft mit einer spezifischen sozialen Zusammensetzung. In der Tat wich die soziologische Struktur der PDS signifikant von der Gesamtbevölkerung in den neuen Ländern ab. Rentner, Akademiker und Angestellte waren über-, Arbeiter, Handwerker und Bauern erheblich unterrepräsentiert.

Rund 40 Prozent der Erwerbspersonen in der PDS hatten seit dem Herbst 1989 ihre berufliche Tätigkeit gewechselt, davon 25 Prozent unfreiwillig. Fast die Hälfte dieser Gruppe erlebte den Tätigkeitswechsel als sozialen Abstieg. Die ISDA-Untersuchung zeigte, daß die PDS - als Erbin des SED-Staates - von dem politischen und gesellschaftlichen Transformationsprozeß besonders stark betroffen war. Mit 13,8 Prozent lag die Arbeitslosenquote der PDS-Mitglieder deutlich über dem gesellschaftlichen Durchschnitt. Besonders hoch war auch der Anteil der erwerbsfähigen Mitglieder im Vorruhestand (14,6 Prozent). Er war damit dreimal so hoch wie im Bevölkerungsdurchschnitt 1991. Die Akademiker waren davon mit 24,2 Prozent besonders stark betroffen. Die ISDA-Studie vermerkte, daß die hauptamtlichen Funktionäre und Militärangehörigen in der PDS als Gruppen überhaupt nicht mehr geführt wurden und schloß daraus, "daß die PDS strukturell eine andere Partei ist, als es die SED war. Sie hat nicht mehr die Struktur einer Staatspartei, aber sie hat in ihrer Struktur das Erbe der Staatspartei. Die ehemaligen Träger dieser Funktion machen einen hohen Anteil der Personen im Vorruhestand, in der 'Warteschleife' und bei den Arbeitslosen aus."

Der gesellschaftliche Abstieg war über die verschiedenen Altersgruppen ungleich verteilt. Er betraf besonders die Älteren (z.B. zwischen 70 und 85 Prozent der über 50-jährigen). Bei allen betroffenen Gruppen kam es zu einem "Absinken unter das ohnehin niedrige Einkommensniveau der ehemaligen DDR-Gesellschaft". Die Studie schloß mit der Feststellung: "Diese Daten verweisen darauf, daß der sich in Ostdeutschland vollziehende Umbruch sozialer Strukturen in der Mitgliedschaft der PDS viel schneller und dramatischer erfolgt als in der Gesellschaft insgesamt. Für viele wird das keine kurzfristige Übergangsphase bleiben. Die Verlierer der deutschen Einheit konzentrieren sich in besonderem Maße in der PDS. [...] Die Interessenlage großer Gruppen ihrer Mitglieder macht die PDS zu einer Interessenvertretungspartei [...] die leisten soll, was individuell nicht gelingt, die soziale Situation verbessern bzw. eine Verschlechterung zu verhindern, für die Betroffenen insgesamt und für die eigenen Mitglieder."

Die soziale Zusammensetzung der PDS-Mitglieder im Mai 1991

	Gesamtmitglieder	%	davon Erwerbsfähige und Erwerbstätige	%	davon Rentner	%	davon übrige Nichterwerbstätige	%
Mitgliederzahl	241.000		129.000		99.000		13.000	
Arbeiter	65.200	26,0	24.500	19,0	39.000	39,4	1.700	13,2
Angestellte	112.600	45,2	67.000	51,9	41.200	41,6	4.400	34,0
Beamte	5.400	2,1	3.200	2,5	1.600	1,6	600	4,7
Akademiker	42.600	17,1	24.000	18,6	13.800	14,0	4.800	36,8
Bauern	5.320	2,2	3.200	2,5	2.000	2,0	120	0,9
Handwerker	2.450	0,9	1.400	1,1	800	0,8	250	1,9
Unternehmer/ Freiberufler	6.600	2,7	5.500	4,3	300	0,3	860	6,6
Mithelfende/ Familienangehörige	320	0,1	0	0,0	200	0,2	120	0,0

Quelle: ISDA: Mitgliederbefragung der PDS 1991, Strukturen, politische Aktivitäten und Motivationen in der PDS

Nach der Mitgliederuntersuchung von Koch/Niedermayer[12] verstehen sich die meisten Parteimitglieder weiterhin in erster Stelle als Kommunisten. Sie zeigen nur wenig Sympathie für die "Bürgerbewegungen" und bringen noch weniger Verständnis für die Sozialdemokratie auf. Als Partner im Westen können sie sich lediglich die DKP vorstellen. 53 Prozent der befragten PDS-Mitglieder betrachten die DKP als eine Bruderpartei oder zumindest eine sehr nahestehende Bewegung.

In der Stellungnahme zu seinem Rücktritt als Parteivorsitzender im Januar 1993 beschrieb Gregor Gysi die kommunistisch orientierten Teile seiner Anhängerschaft in der Partei (die die absolute Mehrheit stellen) wie folgt: "Es gibt eine Gruppe von Genossinnen und Genossen in der PDS, die großen Wert darauf legen, durch ihre Mitgliedschaft und ihre politischen Aktivitäten eine Bestätigung ihres bisherigen Lebens, ihrer Biographien zu erfahren. [...] Indem sie ihr Leben verteidigen, verteidigen sie gewollt oder ungewollt häufig zugleich eine Geschichte, die in diesem Umfang Verteidigung nicht verdient. Ihr programmatischer Ansatz ist meist ein nicht nur marxistischer, sondern auch ein marxistisch-leninistischer (einschließlich der höchst zweifelhaften Momente), weil auch dies zur Bestätigung ihrer Biographien erforderlich ist."[13]

Bei dieser DDR- und Kommunismus-Nostalgie, die auch von einem Großteil der PDS-Wähler geteilt wird,[14] handelte es sich nicht um eine vorübergehende Modeerscheinung, sondern um einen Beleg dafür, daß die PDS sich als unfähig erwiesen hat, die eigene Geschichte aufzuarbeiten und zu bewältigen. Die Dominanz reaktionärer Einstellungsmuster zeigt, wie schwer das Erbe der SED immer noch wiegt. Die PDS bleibt in ihrer Mehrheit, wie das Neue Forum sie charakterisiert, eine "Partei der ewig Gestrigen".[15]

Gleichwohl hat sich die innere Lage der PDS seit 1992 stabilisiert. Vergleicht man neuere Mitgliederuntersuchungen[16] mit denen von 1991, so zeigt sich eine spürbare Veränderung der Einstellungsmuster: 1991 beklagte sich die Mehrzahl der befragten Mitglieder über Orientierungslosigkeit, Unklarheit, Pessimismus, programmatische Defizite und die fehlende Akzeptanz der PDS in der Öffentlichkeit. Gregor Gysi wurde als die einzige bundesweite Integrationsfigur der PDS gesehen. Dagegen sind heute fast vier von fünf Mitgliedern der Auffassung, daß die PDS über eine gute und begründete Programmatik verfüge. Die Motive für die

---

12 Willy Koch/Oskar Niedermayer, Parteimitglieder in Leipzig, Leipzig, Mannheim, April 1991.

13 Gregor Gysi, Brief an die Mitglieder, in: PID, Nr. 49, 4. Dezember 1992, S. 2-5.

14 Vgl. unten Kapitel 8.

15 Vgl. hierzu: Armin Pfahl-Traughber: Wo steht die PDS, in: liberal, H. 3/1993, S. 27.

16 Information über die Ergebnisse der zweiten soziologischen Erhebung im Landesverband Sachsen der PDS, Manuskript, Oktober 1993; Gesellschaft für Jugend- und Sozialforschung, Bürgerbefragung in Sachsen 1993, Leipzig 1994. Die folgenden Zitate und Zahlen beziehen sich, sofern nicht anders vermerkt, auf diese Studie.

Mitgliedschaft in der PDS haben sich geordnet und stabilisiert.[17] Für die PDS-Mitglieder ist es heute offenbar nicht mehr so wichtig wie früher, einer Interessengemeinschaft ehemaliger SED-Mitglieder anzugehören. Aus ihrer früheren Rückzugsposition ("inneres Exil") sind viele PDS-Mitglieder gewissermaßen in die Gesellschaft zurückgekehrt.

Zum Thema "Vergangenheitsbewältigung" meinen heute fast drei von vier PDS-Mitgliedern (73%), daß eine ehrliche und konsequente Aufarbeitung der Vergangenheit bereits stattgefunden habe. Die stärkste Veränderung innerhalb der PDS-Mitgliedschaft hat sich im Verhältnis der PDS-Mitglieder zu den eigenen kommunalen bzw. regionalen parlamentarischen Vertretungen und Parteivorständen vollzogen. Während die PDS noch vor zwei Jahren fast ausschließlich mit Gregor Gysi identifiziert wurde und die PDS-Vertreter in Ländern und Gemeinden kaum bekannt waren, haben die Mitglieder heute ein sehr viel engeres Verhältnis zu ihren Funktionären vor Ort. Fast 60 % der befragten Mitglieder bescheinigen der Gesamtpartei eine insgesamt eher positive Entwicklung, die regionalen Gliederungen der PDS werden sogar von 80% der Mitglieder positiv gesehen. In der PDS ist seit 1990 ein interner Klärungsprozess abgelaufen. In dieser Zeit hat ein großer Teil der innerparteilichen Opposition die Partei verlassen. Auch zahlreiche enttäuschte Anhänger, die sich von der PDS mehr versprachen, haben sich abgewandt. Der größte Teil der Verbliebenen fühlt sich heute heimisch in der PDS. Die gegenwärtigen Schwierigkeiten in den neuen Ländern nutzt die PDS aus, indem sie an eine DDR-Nostalgie appelliert und sich als einzige Interessenvertretung der "Einigungsverlierer" ausgibt. Die Mobilisierungsfähigkeit der PDS auf lokaler Basis hat sich deutlich erhöht, seit diese ältere Mitglieder (sogenannte "PDS-Rentner") als Multiplikatoren und Ersatz für einen nicht mehr bezahlbaren hauptamtlichen Apparat einsetzt.

2.3 Der Parteiapparat

Um den Fortgang ihres Erneuerungsprozesses zu belegen, betonte die PDS gegenüber der Öffentlichkeit mehrfach den Abbau ihres Parteiapparats. Zwar ist die Personalreduktion eine unleugbare Größe, doch war sie weniger Ausdruck des Erneuerungswillens der Parteiführung als vielmehr Resultat pragmatischer Erwägungen. Zum einen gelang es auf diese Weise, sich unbequemer Kader zu entledigen. Zum anderen führte der starke Rückgang der Mitgliederbeiträge zu finanziel-

17 An vorderer Position stehen folgende Motive: "weil die PDS meinen politischen und weltanschaulichen Vorstellungen am besten entspricht": 85%; "weil sich die PDS am meisten für die Belange der ehemaligen DDR-Bürger einsetzt": 61%; "weil die PDS in der Opposition und ich Opposition für wichtig halte": 42%.

len Zwängen, die es unmöglich machten, den alten SED-Parteiapparat weiter zu erhalten. Bis Februar 1990 hatte die PDS die Zahl ihrer hauptamtlichen Mitarbeiter um 30.000 auf rund 14.000 verringert. Die Zahl der ehrenamtlichen Mitarbeiter war von 700.000 (September 1988) auf rund 40.000 (Februar 1990) gesunken. Im Mai/Juni 1990 waren nur noch etwa 10.000 Mitarbeiter hauptamtlich für die PDS tätig. Der größere Teil davon waren technische Angestellte.[18] Am 1. Juli 1990 waren nur noch 4.104 hauptamtliche Mitarbeiter beschäftigt.[19] 1991 hielt der Rückgang des Apparates weiter an. Im Januar 1991 zählte die PDS nur noch 2.980 hauptamtliche Mitarbeiter, im Juni desselben Jahres 1.579.[20]

Beim Parteivorstand waren im Februar 1990 noch 360 politische Mitarbeiter tätig. Vom alten Apparat des ZK der SED waren damit deutlich weniger als die Hälfte (42 %) übriggeblieben. Heute sind in der Berliner Parteizentrale nur noch 50 hauptamtliche Mitarbeiter beschäftigt. Zum Apparat der PDS gehören ferner die Mitarbeiter der PDS-Gruppe im Bundestag und der PDS-Fraktionen in den Ländern. Einige Stellen gibt es außerdem im "Westapparat". Exakte Zahlen zur Mitarbeiterausstattung der ostdeutschen Landesverbände liegen nicht vor.

2.4 *Kommissionen, Arbeitsgemeinschaften und Interessengemeinschaften*

Der Apparat der PDS hat sich seit 1990 tiefgreifend verändert. 1990 verfügte die Partei noch über 14 spezialisierte Kommissionen.[21] Deren Arbeit erwies sich jedoch als ineffizient. Durch neue Strukturen sollte die politische Schlagkraft erhöht werden. Ziel war es auch, die Motivation der Parteifunktionäre und -mitarbeiter wiederherzustellen. Die Partei- und Programmkonzeption der führenden Köpfe

---

18 Gregor Gysi, PDS. Auf dem Weg der Erneuerung. Referat auf der Klausurtagung des Parteivorstandes am 12./13. Mai 1990, a.a.O., S. 46.

19 Darüber hinaus hatten noch 2.707 Mitglieder ein spezielles Arbeitsverhältnis mit der PDS (davon 66 beim Parteivorstand). Dabei handelte es sich um Mitarbeiter, deren Kündigung bzw. Vorruhestand erst nach dem 1.7.1990 wirksam werden sollte, sowie um Mitarbeiter, die seit langem erkrankt waren bzw. sich im Prozeß der Invalidisierung befanden und denen nicht gekündigt wurde. Außerdem befanden sich darunter Mitarbeiter in Einrichtungen der PDS wie z.B. Erholungsheimen, Gaststätten usw., die in eine neue Rechtsträgerschaft überführt wurden.

20 Redebeitrag von Dietmar Bartsch, 2. Tagung des 2. Parteitages, (27. Juni 1991), Manuskript.

21 Kommission Organisation und Parteileben; Kommission Wirtschafts-, Landwirtschafts- und Sozialpolitik; Kommission Frauen- und Jugendpolitik; Kommission Interessengruppen, Arbeitsgemeinschaften und Ausländerpolitik; Kommission Medienpolitik; Kommission Politische Bildung; Kommission Volks-, Berufs- und Fachschulbildung; Kommission Kultur- und Wissenschaftspolitik; Kommission Umweltpolitik; Kommission Politisches System; Kommission Internationale Politik; Grundsatzkommission; Zentrale Schiedskommission; Historische Kommission beim Parteivorstand.

der PDS (Hans Modrow, Gregor Gysi, André Brie) belegen, daß diese schon sehr früh begriffen hatten, daß eine klassische leninistische Kaderpartei in einem wiedervereinigten Deutschland keine Zukunft hatte. Der demokratische Zentralismus leninistischer Prägung wurde durch die wendige "Diktatur" eines allmächtigen Präsidiums abgelöst. Die Akzeptanz dieses Machtzentrums war durch die Popularität von Modrow und Gysi, den einzigen Integrationspersönlichkeiten der Partei, abgesichert. Um die Troika Gysi, Modrow und Brie formierte sich eine neue PDS-Elite, die hauptsächlich junge Mitglieder und begeisterungsfähige Sympathisanten vereinigte und die die Kontrolle über die neuen Führungsstrukturen der Partei übernehmen sollte: die Arbeitsgemeinschaften beim Parteivorstand, die auf der Ebene der Landesverbände von regionalen Arbeitsgemeinschaften oder von Interessengemeinschaften unterstützt werden. Die Arbeitsgemeinschaften sollten laut Beschluß des Parteivorstands vom 16.2.1991 vor allem in denjenigen gesellschaftlichen Bereichen tätig werden, "in denen es eine Anhäufung von Konfliktpotentialen sowie mehr oder weniger entwickelten parlamentarischen und außerparlamentarischen Widerstand" gab. Der Dialog und die Zusammenarbeit der "Linkskräfte" in Deutschland und der sogenannte "antikapitalistische Kampf" sollten forciert und unterstützt werden. Die Auflistung dieser AGs (einige davon bestehen nicht mehr oder sind nicht mehr aktiv) gibt einen guten Überblick über die Aktions- und Kampagneschwerpunkte der PDS:

AG Altes Erbe/Neues Denken
AG Antirassismus, ImmigrantInnen und Flüchtlingspolitik
AG Bündnispolitik
AG Bildungspolitik
AG Cuba sí
AG ChristInnen
AG EntRüstung
AG Friedens- und Internationale Politik
AG Gewerkschaftspolitik
AG Innen- und Rechtspolitik, Demokratie im politischen System
AG JuristInnen
AG Junge GenossInnen in und bei der PDS
AG Kinder- und Jugendpolitik
AG Kommunalpolitik und parlamentarische Arbeit
AG Kultur- und Kunstpolitik
AG Lesben- und Schwulenpolitik
AG Medien
AG Miet- und Wohnungspolitik
AG PDS/Linke Liste westliche Bundesländer
AG Umwelt-, Energie- und Verkehrspolitik
AG Rechtsextremismus/Antifaschismus

AG Selbstbestimmte Behindertenpolitik
AG Sozial- und Gesundheitspolitik
AG Soziale Grundsicherung
AG Sportpolitik
AG StudentInnen
AG Wirtschafts-, Landwirtschafts-, Arbeits- und Technologiepolitik
AG Wissenschafts- und Hochschulpolitik
AK Eine Welt
Antieiszeit Komitee
Frauenarbeitsgemeinschaft LISA
Seniorenarbeitsgemeinschaft beim Parteivorstand
Koordinierungsrat Umweltpolitik der PDS.[22]

Seit 1993 besteht ein mächtiges Wahlbüro unter der Leitung von André Brie, das eine Sonderstellung einnimmt, da es nicht in die Gesamtstruktur der Partei eingebunden ist. Es hat die Aufgabe, die Wahlkampfaktivitäten der PDS zu koordinieren.[23]

2.5 *Die Informationspolitik der Partei und die PDS-Presse*

Um die Parteiarbeit und die Tätigkeit der Arbeitsgemeinschaften zu unterstützen und auf eine breitere Grundlage zu stellen, hat die PDS eine Reihe von Presseorganen geschaffen.[24] Veröffentlicht werden mindestens 188 Publikationen. Es lassen sich vier Ebenen unterscheiden:

a) Auf Bundesebene hat die PDS das ehemalige SED-Organ "Neues Deutschland" beibehalten. 50 Prozent des Verlagskapitals (DM 250.000) liegen in den Händen der PDS.[25] Prinzipiell ist die redaktionelle Arbeit des "Neuen Deutschland" jedoch unabhängig. Das weitere Überleben der Zeitung ist sowohl durch finanzielle Forderungen der Treuhandanstalt als auch durch die ständig sinkende Leserzahl bedroht. Bis Januar 1994 ist die Auflage des "Neues Deutschland" auf 44.000 gesunken.[26]

---

22 Seit Anfang 1994 gibt es eine sogenannte AG "Pressefeste", die alle Personen zusammenführt, die sich an den Vorbereitungen für die PDS Stände auf den KP Pressefesten in Barcelona, Lissabon, Wien und Paris beteiligen wollen.

23 So beschlossen im Artikel über die Solidaritätsfonds, in: PID, Nr. 41, 15. Oktober 1993; Karin Görre, Claudia Gohde und andere Vorstandsmitglieder kritisierten, der Bundesvorstand werde über wichtige Entscheidungen des Wahlbüros nicht oder erst im nachhinein informiert.

24 Bericht des Parteivorstandes, Manuskript.

25 Die Zeitung erscheint in der "Neues Deutschland Verlags- und Druckerei-GmbH".

26 Der Spiegel, Nr. 3/1994.

Direkt vom Parteiapparat abhängig ist der "Pressedienst" (PID) unter Leitung des PDS-Pressesprechers Hanno Harnisch. Er brachte es im Juli 1991 auf eine wöchentliche Auflage von 2.500 Exemplaren. Der "Pressedienst" will "über Standpunkte, Diskussionsangebote und Vorhaben der PDS", über die Tätigkeit des Parteivorstands/Präsidiums, die Arbeit der PDS-Gruppe im Bundestag und über die Entwicklung der Landesverbände informieren. Die Auflage ist recht stabil.

Die Zeitschrift "Disput - WAS und WIE ?" erschien früher zweimal im Monat in einer Auflagenhöhe von ca. 17.000. Diese Zeitschrift verstand sich als "Mittel innerparteilicher Kommunikation [...], als Forum kontroverser Diskussion linker sozialistischer Politik." Aufgrund mangelnder inhaltlicher Qualität fand die Zeitschrift innerhalb der PDS - zum Bedauern des Vorstands - bis Ende 1992 kaum Verbreitung (11.000 Abonnenten Ende 1992). Seit Anfang 1993 konnte die Zeitschrift, die jetzt "Disput" heißt und monatlich erscheint, ihre Verbreitung innerhalb der Partei dank eines verbesserten Layouts sowie eines neuen redaktionellen Konzepts deutlich steigern.

Die PDS unterstützt unter dem Titel "Utopie kreativ, Diskussion sozialistischer Alternativen", eine Zeitschrift, die sich theoretischen Fragen widmet und ein hohes Reflexionsniveau hat.[27]

b) In den neuen Ländern verfügt die PDS über zahlreiche regionale Presseorgane. Beabsichtigt war zunächst, in jedem Landesverband eine Wochenschrift herauszugeben. Heute gibt es zwei, die Zeitung des Landesverbands Berlin "Berliner Linke, Wochenzeitung, parteilich, demokratisch, sozial" und die in Thüringen erscheinende "Unsere neue Zeitung". In jedem Land werden, zusätzlich zum Wochenblatt (oder an seiner Stelle), wöchentliche Verbindungsdepeschen herausgegeben, so z.B. der "Informationsdienst" in Sachsen und Thüringen, das "Offene Blatt" in Mecklenburg-Vorpommern, das "Info PDS-Berlin" und der "PDS Rundbrief" in Thüringen.

Auf lokaler Ebene veröffentlicht die PDS ca. 100 Bulletins, mit uneinheitlicher Erscheinungsweise und unterschiedlicher Qualität: Die Spanne reicht von kopierten Blättern bis zu gedruckten Heften. Allein in Berlin-Ost gibt es mindestens 17 dieser Bulletins. Hinzu kommen drei im Westteil der Stadt. Die Auflagen liegen bei 100 bis 1.000 Stück. Vor Wahlen können die Auflagen mehrere Tausend erreichen.

---

27 Utopie Kreativ. Chefredakteur: Helmut Steiner; Redaktion: Wolfram Adolphi, Arndt Hopmann, Marion Kunze, Arnold Schözel, Jörn Schütrumpf. Herausgeber: Förderverein Konkrete Utopien e. V. unter Vorsitz von Gunther Kohlmey.

c) Bei den Veröffentlichungen der PDS-Gruppe im Bundestag und der Landtagsfraktionen nutzt die PDS die Möglichkeiten, die die öffentliche Fraktionsfinanzierung bietet. Die PDS im Bundestag publiziert z.B. die "Monatshefte PDS Linke Liste im Bundestag" und den "Rheinblick".[28] Die Arbeitskreise der Bundestagsgruppe publizieren eigene Berichte.[29] Einzelne Abgeordnete wie Petra Bläss veröffentlichen in unregelmäßigen Abständen Dokumente in einer Reihe mit dem Titel "Aktuelles".[30]

Die Landtagsfraktionen veröffentlichen zahlreiche Texte und Bulletins. In Berlin werden ein sogenanntes "Informationsbulletin" und ein "Bannmeilen-Report" herausgegeben. Die PDS-Landtagsabgeordneten geben zusätzlich noch zahlreiche Broschüren heraus. In Sachsen-Anhalt erscheinen ein "Landtagsreport", eine Reihe "PDS-Fraktion im Landtag" sowie unregelmäßige Veröffentlichungen. In den anderen Bundesländern werden die Informationen der PDS-Fraktion häufiger über die regionalen PDS-Gliederungen verbreitet.

d) Die meisten Arbeitsgemeinschaften verfügen über einfache interne Bulletins, deren Auflage relativ niedrig ist. Als auflagenstarke Ausnahme gilt die Monatszeitschrift "Betrieb & Gewerkschaft". Im zweiwöchentlichen Rhythmus publiziert die PDS ein "Informationsblatt linke Kommunalpolitik".

Im Ergebnis kann festgehalten werden, daß die PDS ein relativ dichtes regionales und lokales Pressenetz aufgebaut hat und mit dem "Neuen Deutschland" über ein - wenn auch stagnierendes - bundesweites Organ für die Verbreiterung ihrer politischen Überzeugungen verfügt. Die PDS zeigt großes Interesse an modernen Kommunikationsmitteln und unterhält zahlreiche Mail-Boxen: z.B. im Bundestag (0228/164885), oder in Berlin (IPN-Box 030/6947061 in Zusammenarbeit mit der "Jungen Welt").[31]

---

28 Seit 1993 besteht ein parlamentarischer Dokumentationsservice. Neben einem wöchentlich erscheinenden Presse-Spiegel publiziert die PDS in diesem Rahmen auch zahlreiche Broschüren und Analysen, z.B. Ausländer- und Flüchtlingspolitik (1991); Blickpunkt Kommunen (1991); Bundestags-Spiele, ein Lesebuch (1992), Blickpunkt Verfassung (1992).

29 1993 z.B. Raumordnung, Landesplanung, Regionalplanung, Arbeitsgruppe Kommunalpolitik.

30 Petra Bläss, Aktuelles aus dem Bundestag, 1993.

31 Aktueller Stand der PDS-Vernetzung per Mailbox, in: PID, Nr. 24, 18. Juni 1993.

2.6 *Die Wissenschafts- und Schulungsstrukturen der PDS*

Ihre spezielle Identität zwingt die PDS, einerseits weiterhin die Werte, Traditionen und Kultur des früheren SED-Staates zu vertreten. Andererseits ist sie aber auch gezwungen, sich zu modernisieren, d.h. den veränderten politischen und gesellschaftlichen Strukturen Rechnung zu tragen. Die Wissenschafts- und Schulungsstrukturen der alten SED mußten in diesem Sinne angepaßt und erneuert werden. Aspekte der Modernisierung waren die Einführung neuer Techniken (EDV, Multimedia) und die Berücksichtigung wissenschaftlicher Gebiete, die in der ehemaligen DDR "verpönt" waren (z.B. angewandte Psychologie, Gruppendynamik).

Die PDS hat parteieigene Strukturen in den Bereichen Wissenschaft und Bildung aufgebaut, die auch als Auffangnetz für alte SED-Eliten dienen. Eine Bildungs- und Schulungsakademie mit dem Namen "Podium progressiv" entstand im Juni 1990 als Zentrum für Bildung und Kommunikation beim Parteivorstand der PDS. Im Juli 1990 wurden 30 Mitarbeiter eingestellt, von denen ein gutes Jahr später noch 20 im "Podium progressiv" arbeiteten. Die Ausbilder bzw. Lehrer waren ehemals hochrangige Ökonomen, Politikwissenschaftler, Historiker, Kulturwissenschaftler, Juristen und Pädagogen. Das "Podium progressiv" war gewissermaßen der Erbe der Parteihochschule der SED. Seine Hauptaufgabe war die Schulung von PDS-Kadern, es wandte sich aber auch an die Parteibasis.[32]

Die finanzielle Krise der PDS führte Ende 1991 zum Ende des "Podium progressiv". Die Partei verlegte ihre wissenschaftlichen und Ausbildungs-Tätigkeiten auf die Länderebene (Bildungsvereine der PDS-Landesverbände). Hier sind im einzelnen folgende Vereine aktiv:

- Berlin: 'Helle Panke' zur Förderung von Politik, Bildung und Kultur e.V., Berlin[33]
- Brandenburg: Brandenburger Verein für politische Bildung 'Rosa Luxemburg" e.V., Potsdam[34]
- Mecklenburg-Vorpommern: Forum für politische und interkulturelle Bildung e.V., Rostock

---

32 Angebote politische Bildung, Nr. 1, Juli 1991, Broschüre 78 S.

33 'Helle Panke' zur Förderung von Politik, Bildung und Kultur e.V.: Hefte zur DDR-Geschichte, 9 herausgegebene Nummern, Serie Klartext, 3 veröffentlichte Hefte. An weiteren Texten wurden publiziert: Harald Blum, u.a., Marx und Engels neu lesen, 1993; Peter von Oertzen, Das Marxsche Gedankengut zwischen historisch Vergänglichem, Irrtum und aktuellem Anspruch, 1994.

34 Detlef Eckert, u.a., Zwischen Anschluß und Ankunft, 1992; Günter Benser, Die DDR - eine deutsche Möglichkeit? Zur Legitimation des zweiten deutschen Weges, 1992; Lutz Maier, Ganz Europa als ein Wirtschaftsraum - Illusion oder reale Perspektive? 1993.

- Sachsen-Anhalt: “Elsa” e.V. Sachsen-Anhalt, Magdeburg
- Thüringen: Jenaer Forum für Bildung und Wissenschaft e.V., Jena
- Sachsen: Rosa-Luxemburg-Verein e.V., Leipzig.[35]

Bundesweite Aufgaben nimmt die Stiftung “Gesellschaftsanalyse und politische Bildung e.V.” wahr.[36] Sie bildet, als wichtigste Kaderschule der PDS, das Herzstück des Kommunikations- und Bildungsinstrumentariums der Partei auf Bundesebene. Der Verein bemüht sich aber auch um eine Annäherung an die westdeutsche Linke und um die Herstellung von wissenschaftlichen Kontakten zu kommunistischen oder postkommunistischen Parteien in Osteuropa und der Dritten Welt (z.B. nationale Befreiungsbewegungen marxistischer Prägung). Die PDS hat den Verein “Gesellschaftsanalyse und Politische Bildung” als eine ihr nahestehende Bildungsorganisation anerkannt. Der Verein erlangte damit gewissermaßen den Status einer “parteinahen Stiftung”. Damit hat er theoretisch die Möglichkeit, aus dem Bundeshaushalt öffentliche Mittel für seine Arbeit zu erhalten, was aber bislang noch nicht erfolgt ist.[37]

Bei der Entstehung des Vereins wurden zahlreiche Verbindungen zum früheren “Institut für Internationale Politik und Wirtschaft der DDR” (IPW, formal dem Ministerrat der DDR unterstellt) sichtbar. Dieses Institut hatte zu DDR-Zeiten einer gleichnamigen Abteilung “Internationale Politik und Wirtschaft” (IPW) beim ZK der SED zugearbeitet. Diese ZK-Abteilung hatte bis 1984 “Westabteilung” geheißen und war für die Koordinierung der gegen die Bundesrepublik Deutschland gerichteten Politik der SED zuständig gewesen (die sogenannte “Westarbeit”).[38] Dem Verein “Gesellschaftsanalyse und Politische Bildung” gehören linke Wissenschaftler, PDS-Politiker und politische Freunde der PDS an.[39] In den fünf-

35 Die Veröffentlichungen des Rosa-Luxemburg-Vereins e.V: Texte zur politische Bildung, 7 bekannte Hefte, herausgegeben von Lutz Höll und Manfred Neuhaus, Mitteilungen, 13 bekannte Hefte, herausgegeben von Fritz Gebauer und Manfred Neuhaus.

36 Unter dem Titel “Controvers” wurden eine Reihe von theoretischen Texten veröffentlicht. 25 Hefte sind bis 1994 im Controvers Verlag & Betrieb in Berlin erschienen. Vgl. z.B. Michael Brie, u.a., Schiff ohne Kompaß? Marxistische Gesellschaftwissenschaften und sozialistische Politik, 1993, Gerhard Branschner, Mensch - wohin? Versuch einer Kurzphilosophie der Geschichte, 1993.

37 Kein Geld für die PDS-nahe Bundesstiftung aus dem Bundeshaushalt. Grund: Bedeutungslosigkeit der PDS, in: PID, Nr. 48, 3. Dezember 1993.

38 Darunter verstand die SED all jene Maßnahmen, die ihre Interventionsmöglichkeiten auf politische Vorgänge in Westdeutschland beeinflussen konnten. Der Abteilung IPW oblagen insbesondere die politische Anleitung der DKP, ihrer Nebenorganisationen, der von ihr beeinflußten Gruppen sowie der von ihr gesteuerten Kampagnen (“Antifaschismus”, “Berufsverbote”, “Frieden” u.a.). Ebenso fielen darunter die durch “Westreisekader” des SED-Apparates unternommenen Versuche, gesellschaftliche Kräfte in der Bundesrepublik für SED-Zwecke nutzbar zu machen.

39 Dazu gehören Prof. Dr. Hans-Jürgen Krysmanski, Prof. Dr. Klaus Steinitz, Prof. Dr. Helga Hörz, Prof. Dr. Heinrich Scheel, Klaus Höpcke, Dr. Ullrich Briefs, Dr. André Brie, Prof. Dr. Rolf Reißig, Dr. Thomas Klein und Dr. Heinz Jung.

köpfigen Vorstand des Vereins wurden im November 1990 Hans Dehnert, Dr. Detlef Hansel, Prof. Dr. Karl-Heinz Thieme, Dr. Jochen Weichold und Dr. Evelin Wittich gewählt.[40]

Eine weitere wissenschaftliche Institution stellt das "Berliner Institut für Sozialwissenschaftliche Studien" (BISS), eine gemeinnützige Gesellschaft, dar. Das formal von der PDS unabhängige, ihr jedoch sehr nahe stehende Institut, wird von Prof. Dr. Rolf Reißig geleitet.[41]

Im Ergebnis hat der Niedergang der SED nicht zu einer flächendeckenden Zerstörung ihrer Bildungs- und Wissenschaftsstrukturen geführt. Vielmehr konnte die PDS an zahlreiche Projekte anknüpfen, die ihr heute auf teilweise hohem wissenschaftlichem Niveau zuarbeiten.

2.7 Die Finanzen der PDS

Die Finanzen der PDS haben wie kaum ein anderes Thema die Öffentlichkeit und Staatsanwaltschaft beschäftigt. Eine lückenlose Rekonstruktion aller relevanten Vorgänge ist bis zum heutigen Tag nicht möglich.

Die PDS ist wegen ihres Immobilienbesitzes eine der reichsten Parteien in Deutschland. In ihrem "Bericht über die Eigentums- und Vermögensverhältnisse der PDS per 30. 9. 1990"[42] kann man folgendes nachlesen: "Zur ursprünglichen Herkunft der finanziellen Mittel der Partei konnte festgestellt werden, daß sie vor allem aus Mitgliedsbeiträgen, aus Abführung von Gewinnen von Parteibetrieben und Zuführungen aus dem Staatshaushalt (bis 1984) resultierten." Zusammengefaßt ergab sich für die PDS per 30. September 1990 die nachfolgende Vermögensübersicht:

- unbewegliche Grundmittel Buchwert (Zeitwert), Umschreibung in DM ohne Neubewertung: 642,2 Mio. DM
- bewegliche Grundmittel und materielle Umlaufmittel: 110,8 Mio. DM

---

40 Frau Wittich war bis 1994 hauptsächlich für die Leitung des Instituts verantwortlich. Die Lehrer und Wissenschaftler, die in Fußnote 39 aufgeführt werden, stammen teilweise aus der Akademie der Gesellschaftswissenschaften beim Zentralkomitee der SED. Zwei davon waren früher für eine ehemalige DKP-Institution tätig, das Institut für Marxistische Studien (Heinz Jung, früheres Präsidiumsmitglied der DKP und ehemaliger Direktor des IMSF sowie Hans-Jürgen Krimanski vom wissenschaftlichen Beirat des IMSF).

41 Es gibt noch andere Strukturen, die der PDS nahestehen, so das Institut für Geschichte der Arbeiterbewegung und die MEGA-Stiftung Berlin e.V.

42 Erschienen am 12. November 1990, erarbeitet von Wolfgang Hotz, kommissarischer Leiter der Kommission Organisation und Parteileben und kommissarischer PDS-Geschäftsführer.

- Forderungen (Darlehen, Forderungen an den Bundestag, Rückzahlungsforderungen von Reisezahlungsmitteln, Forderung an die Firma Putnik): 347,5 Mio. DM
- direkte Beteiligungen an Gesellschaften: 2,55 Mio. DM
- Geldbestände (einschließlich Sozialfonds): 350,9 Mio. DM
- Bilanzvermögen Schulgut und Forstwirtschaftsbetrieb Liebenberg per 30. Juni 1990: 43,1 Mio. DM.

Sofort nach der Veröffentlichung dieses Berichtes wurden Lügen- und Verdunklungsvorwürfe laut. Die strittigste Frage war die nach dem Realwert der PDS-Immobilien. Diese Immobilienvermögenswerte wurden von unabhängigen Experten auf zehn Milliarden DM geschätzt.[43] Die PDS beging nun eine Ungeschicklichkeit nach der anderen. Der stellvertretende PDS-Vorsitzende André Brie schätzte den Wert der verbliebenen Partei-Immobilien am 30. Oktober 1990 auf knapp 4 Milliarden DM, obwohl Gregor Gysi einen Tag zuvor noch von 1,5 Milliarden gesprochen hatte. Am 31. Dezember 1991 betrug das Reinvermögen laut PDS-Schatzmeister Dietmar Bartsch 1.485 Mio. DM, wobei Immobilien und Grundstücke mit 1.007 Mio. DM den Großteil ausmachten.[44] In seinen Ausführungen zum Finanzplan im Juni 1991 bemerkte Bartsch zu den Immobilien, daß es am 31. Mai 1991 760 Einzelobjekte gegeben habe. Nach den Besitzverhältnissen unterteilte sich diese Gesamtzahl in 135 Eigentumsobjekte, 428 Rechtsträgerobjekte und 197 Miet- und Nutzungsobjekte.

Die Treuhand entschied im Juni 1991, diese PDS-Geschäfte endgültig zu unterbinden. Sie beschloß, die Verwaltung aller PDS-Immobilien zu übernehmen. 768 Objekte waren von dieser Entscheidung betroffen. Der für die Sondervermögen zuständige Treuhand-Direktor Dierdorf betonte, daß bei Nichteingreifen die Gefahr bestanden hätte, daß die Anstalt die Kontrolle über Miet- und Pachterträge aus den 768 Immobilien verloren hätte. Zusätzlich wurden praktisch alle Geschäftskonten der PDS gesperrt. Die Geschäfte der Grundstücksverwaltungsfirmen wurden drastisch eingeschränkt. Auf Drängen der Anstalt erhielten die Banken, bei denen die PDS ihre Konten führte, die Anweisung, daß Geldbewegungen nicht mehr ohne Treuhand-Zustimmung stattfinden dürften und daß alle Gelder und Grundbesitze als Sondervermögen zu behandeln seien. Dadurch hatte die PDS auf eine ihrer Hauptfinanzierungsquellen keinen Zugriff mehr.

---

43 Süddeutsche Zeitung, 2. November 1990.

44 Dietmar Bartsch, Rede auf der 3. Tagung des 2. Parteitages der PDS, 14./15. Dezember 1991, Manuskript.

Allerdings hatte sich die PDS auf diesen Fall seit Dezember 1989 vorbereitet. Um möglichst viel Geld zu "retten", wurden zwei Maßnahmen getroffen:

- die Gründung von GmbHs und die Vergabe von persönlichen Darlehen
- die Überweisung von Geldern auf Geheimkonten.

Bis zum 30. Juni 1990 wurden Darlehen in Höhe von 417,1 Mio. DM vergeben. 218 Darlehen gingen an Betriebe und natürliche Personen. 180 davon wurden vom Parteivorstand, 36 durch ehemalige Bezirksvorstände bewilligt. Zwei waren anderer Herkunft. Zwölf Darlehensnehmer erhielten 80 Prozent der Gesamtsumme. In diesem Zusammenhang vermerkt ein internes Untersuchungsgremium der PDS: "In diesem Vergabeprozeß sind erhebliche Risiken nicht ausgeschlossen. Keine Bedenken bestehen gegen Darlehen, die an frühere Parteibetriebe ausgereicht wurden, damit ihnen nach der Überführung in Volkseigentum bzw. in genossenschaftliches Eigentum selbständiges Wirtschaften ermöglicht wird. [...] Zu bemängeln ist jedoch, daß [viele] Darlehensverträge ungenügende Sicherheiten enthalten."[45] Einer der bekanntesten Fälle ist der des palästinensischen Waffenhändlers Abdel Majid Younes, der von der PDS drei Darlehen über insgesamt 136 Mio. DM erhielt.[46]

Es ist zu vermuten, daß die PDS mit diesen Darlehen und mit den 30 (bislang bekannten) GmbHs, deren Gründung sie unterstützte, versuchte, so viel Geld wie möglich zu retten und sich durch geheime Absprachen Dienste, die der staatlichen Kontrolle entgingen, zu sichern. Die Liste der Nutznießer dieser Darlehen wurde der Öffentlichkeit nicht bekanntgegeben.

Eine zweite Maßnahme waren illegale Verschiebungen von Geldern auf Auslandskonten. Die bekannteste Affäre ist die Verschiebung von 107 Millionen DM an die Firma Putnik in die damalige Sowjetunion, die die Partei schwer belastete. Ende 1993 kam es zu einem ähnlichen Skandal. Die PDS leitete - nach behördlichen Untersuchungen - Gelder, die dazu bestimmt waren, linke Parteien im Ausland zu unterstützen, nach Luxemburg um.[48] Das Bundesinnenministerium konstatierte,

---

45 Bericht über die Eigentums- und Vermögensverhältnisse der PDS per 30.9.1990, in: PDS. Dokumente 2, Juni 1990 bis Januar 1991; Die PDS soll Millionen verschoben haben. Kredite zur Verwendung im Sinne der Partei. Hausdurchsuchung, in: FAZ, 23. Dezember 1991.

46 Der Spiegel, 19/1992.

47 (entfällt)

48 Dr. von Hammerstein, Zur Überprüfung des Vermögens der Parteien und Massenorganisation der DDR beim Bundesministerium des Innern, Geschäftszeichen PV 2-100 2/2, PV3-103-1/7 an Lothar Bisky, Brief vom 28. Oktober 1993; Antwort der PDS an Herrn Dr. von Hammerstein vom 03.11.1993.

"daß die PDS und deren verantwortlich handelnde Personen trotz gesetzlicher Verpflichtung, staatsanwaltschaftlicher und behördlicher Auskunftsersuchen nicht bereit waren, an der Aufklärung des Sachverhaltes mitzuwirken. Vielmehr wurde versucht, anhand des Rechenschaftsberichtes und der Buchhaltungsunterlagen falsche Tatsachen vorzuspiegeln und den Eindruck zu erwecken, daß es sich bei den Ausgaben zur Unterstützung linker Bewegungen im Ausland in Höhe von DM/VM 13.700.000,— und US-Dollar 320.000,— (VM 592.000), somit insgesamt DM/VM 14.292.000,—, um endgültig abgeflossene Zahlungen für politische Zwecke handele."[49]

1991 stand die PDS am Rande des Ruins. Kurz nach dem Parteitag vom Juni 1991 beschlagnahmte die Treuhand alle Konten der PDS. Sie verfügte, daß sich die PDS jede Einzelausgabe genehmigen lassen mußte.[50] Binnen weniger Tage war die Partei wegen Geldmangels praktisch nicht mehr handlungsfähig. Nach Auffassung der "Unabhängigen Kommission zur Überprüfung des Vermögens der Parteien und Massenorganisationen der DDR" hat die PDS nur Anspruch auf denjenigen Teil des Altvermögens der SED, den sie den überzeugten SED-Mitgliedern verdanke. Die Zahl der freiwilligen SED-Mitglieder wurde von der Kommission auf 350.000 beziffert. Die restlichen Mitgliedsbeiträge und sonstigen Gewinne seien als "Zwangsbeitrag" anzusehen und müßten zurückerstattet werden. Solange der der PDS zustehende Vermögensanteil nicht ermittelt sei, müßte das Vermögen der früheren SED in seiner vollen Höhe vor dem Zugriff der PDS geschützt werden. Im Sommer 1991 bewilligte die Treuhand der PDS einen Kredit in Höhe von 5,45 Millionen DM, der der Partei das politische Überleben ermöglichte.

Die Maßnahmen der Treuhand zwangen die PDS, sich den neuen finanziellen Gegebenheiten anzupassen.

---

49 Ebd.

50 Die PDS reagierte darauf, indem sie Menschenketten organisierte, deren Teilnehmer "Einzelquittungen" präsentierten.

Tabelle 4: Mitgliedsbeitrag zum Spendenaufkommen der PDS 1991-1992

Gliederungen	Mitgliederbeiträge 1991	(TDM) 1992	Spenden 1991	(TDM) 1992
Parteivorstand	6,5	25,5	550,8	1.022,4
LV Baden-Württemberg	9,4	17,4	12,0	5,3
LV Berlin	3.709,9	3943,2	136,6	446,4
LV Brandenburg	2.336,9	2.302,8	269,0	295,1
LV Mecklenburg-Vorpommern	1.631,4	1.456,7	122,2	173,7
LV Sachsen	3.535,5	3.352,8	219,5	219,5
LV Sachsen-Anhalt	1.649,4	1.497,6	369,2	428,1
LV Schleswig-Holstein	2,5	1,4	9,9	3,4
LV Thüringen	1.528,8	1.288,5	212,7	223,7
Gesamt	14.491,3	13.885,9	1.901,9	2.817,6

1993 gingen die Spenden, im Vergleich zu 1992, leicht zurück. Die Hauptausgaben galten der Unterhaltung des Parteiapparats und der Errichtung eines modernen EDV- und Kommunikationsnetzes.

Tabelle 5: Finanzplan der PDS für 1993

Einnahmen	(in TDM)	Ausgaben	(in TDM)
Mitgliederbeiträge	13.317,8	Personalausgaben	7.888,7
Einnahme aus Vermögen	245,0	Ausgaben des Geschäftsbetriebes	6.360,2
Vertrieb von Druckschriften und sonstiger Parteieinnahmen	1.022,8		
Einnahmen aus Spenden	2.237,6	Ausgaben für Gremienarbeit, Öffentlichkeitsarbeit und Wahlen	4.009,1
Sonstige Einnahmen	532,0	Sonstige Ausgaben	167,0
Einnahme aus dem Chancenausgleich	990,0		
Bestände aus 1992	79,8		
Gesamt	18.425,0	Gesamt	18.425,0

Am 17. Januar 1994 nahm der Parteivorstand der PDS den Finanzplan für das Jahr 1994 an.[51] Schatzmeister Dietmar Bartsch bemerkte, daß die zentrale Spendenkampagne der PDS 560.000 DM erbracht habe. Ziel sei aber weiterhin, bis zur Bundestagswahl 1994 eine Million DM an Spenden aufzubringen. Vor dem Vorstand ging Dietmar Bartsch zunächst auf die Ergebnisse des Finanzplans 1993 ein. Bei den geplanten Einnahmen habe es ein Defizit gegeben, weil zum einen die Zahlungen aus dem Chancenausgleich durch den Deutschen Bundestag nicht in der veranschlagten Höhe eingegangen seien und zum anderen die von der PDS erwartete Spendensumme nicht erreicht worden sei (keine Spende über 30.000 DM). Bartsch ging weiterhin auf Fragen der Finanzierung der Wahlkämpfe des Jahres 1994 ein. Er veranschlagte für den Europa- und Bundestagswahlkampf insgesamt maximal 17,5 Mio. DM (davon acht Millionen für den Europawahlkampf). Um diese Wahlkämpfe entsprechend führen zu können, spekuliert die PDS auf Wahlkampfkostenerstattung aus den Landtags- und Europawahlen. Erreicht die PDS akzeptable Ergebnisse, dürfte sie in den neuen Ländern einen qualitativ hochwertigen, Wahlkampf führen können. Durch mobile Einsätze soll in den neuen Ländern auch dort ein flächendeckender Wahlkampf geführt werden, wo die PDS keine Organisation vor Ort hat. In Westdeutschland will sie sich dagegen auf die Groß- und Universitätsstädte beschränken.

---

51 Bei einer Stimmenthaltung (Karin Dörre) folgte der Parteivorstand der Empfehlung des Finanzrates der PDS und beschloß den Finanzplan 1994.

3. Ideologische und programmatische Entwicklung

3.1 Die Programme der PDS bis 1993

Das erste PDS-Programm, das Anfang 1990 in großer Eile zusammengeschrieben und auf dem Parteitag vom Februar 1990 verabschiedet wurde, spiegelte die Lage der PDS wenige Monate nach dem Zusammenbruch des SED-Regimes. Das Programm war in drei große Abschnitte gegliedert:

- "Wer wir sind, und was wir wollen"
- "Wege des Fortschritts in unserer Gesellschaft" und
- "Europa und Deutschland in einer sich erneuernden Welt"[52]

Die PDS stellte den Kampf gegen den Kapitalismus ins Zentrum ihrer Politik. Der Sozialismus sei zwar nicht so effizient wie der Kapitalismus, sei aber "als Ausdruck uralter Menschheitsideale wie soziale Gerechtigkeit, Solidarität, Freiheit für die Unterdrückten, Hilfe für die Schwachen unvergänglich" und weiterhin eine Alternative zum Kapitalismus, "mögen ihn seine Gegner auch hundertmal totsagen."[53] Die PDS befürwortete die Einheit Deutschlands "in einem Verbund freier und gleichberechtigter Völker und Nationen Europas". Bedingung dafür sei jedoch, daß sich beide deutsche Staaten wandelten. Die DDR wollte die Einführung der Marktwirtschaft danach nur akzeptieren, wenn die alte Bundesrepublik traditionelle Werte der DDR wie Frieden, Antifaschismus und Solidarität übernähme.

Ihr politisches Selbstverständnis schöpfte die PDS "aus den Strömungen der deutschen und internationalen Arbeiterbewegung, aus den revolutionären und demokratischen Traditionen des deutschen Volkes und aus dem Antifaschismus". Die PDS sei sich "vieler Berührungen zu pazifistischen und religiös begründeten humanistischen Standpunkten bewußt" und nehme diese in sich auf. "Wir schöpfen aus der Geschichte des humanistischen Denkens, insbesondere aus den dialektischen und materialistischen Auffassungen von Karl Marx und Friedrich Engels, Wilhelm Liebknecht und August Bebel, Eduard Bernstein und Karl Kautsky, Rosa Luxemburg und Karl Liebknecht, W. I. Lenin und Antonio Gramsci und ihrer nachfolgenden vielfältigen Weiterentwicklung. Die Partei nimmt all diese Ideen kritisch in sich auf." Diese eigenartige Mischung von Theorien und "geistigen Vaterfiguren" mag zwar überraschen. In den Augen der PDS stellte sie jedoch keine Besonderheit dar, da es für die Bewältigung von Gegenwart und Zukunft "des ganzen Reichtums modernen, progressiven gesellschaftstheoretischen Den-

52 Programm der Partei des Demokratischen Sozialismus, in: Wahlparteitag der PDS, 24./25. Februar, Berlin 1990, S. 88-108.

53 Ebd., S. 89.

kens unserer Zeit" bedürfe.[54] Als ihre zentralen Werte definierte die PDS Individualität, die freie Entwicklung des Denkens und Fühlens, Solidarität, Gerechtigkeit, sinnerfüllte Arbeit und Freizeit, Freiheit, Demokratie und Menschenrechte, die Bewahrung der natürlichen Lebensgrundlagen sowie innerer und äußerer Frieden. Diese Ziele seien Bestandteile einer "linken, sozialistischen Politik". Eine gewisse Nähe dieser Programmsätze zu den Programmen von SPD und Grünen war nicht übersehbar.

Im zweiten Teil des Programms bekannte sich die PDS zur Marktwirtschaft, weil diese raschen wissenschaftlich-technischen Fortschritt und hohe ökonomische Effektivität ermögliche. "In diesem Sinne ist eine am Gemeinwohl der Gesellschaft und an dem Wohl jedes einzelnen orientierte Marktwirtschaft kein Widerspruch zu sozialistischen Wertvorstellungen." Es müsse aber eine Marktwirtschaft "mit ausgeprägter sozialer und ökologischer Zielstellung (sein), die Leistung stimuliert und belohnt und wirtschaftliche Initiative in jeder Weise fördert".[55] Im Rahmen einer marktwirtschaftlichen Ordnung sollten "gesellschaftliches Eigentum" sowie andere "vielfältige Formen des Eigentums an den Produktionsmitteln" gewährleistet sein. Die PDS verteidigte die Auffassung, daß staatliches Eigentum "durch die reale Verfügung der Produzenten über die Mittel und Ergebnisse der Produktion zu wirklichem Volkseigentum" werde. Die Beschäftigten sollten aber "durch Gewinnbeteiligung und andere Formen an den wirtschaftlichen Ergebnissen der Betriebe interessiert" werden. Prinzipiell befürwortete die PDS auch einen gesamteuropäischen Wirtschaftsraum.[56]

Eine Schlüsselfunktion hatte für die PDS-Programmatik der "ökologische Umbau der Gesellschaft": Die Verantwortung für die Umwelt müsse zu einem bestimmenden Merkmal der Politik der PDS werden. "Unser Fortschrittsverständnis umfaßt Arbeit und Natur als Quelle des gesellschaftlichen Reichtums und grenzt sich von einem einseitigen Wirtschaften auf Kosten der Natur ab. Umweltqualität verstehen wir als Lebensqualität. [...] Nur so können Umweltkrise und fortschreitende Zerstörung der natürlichen Lebensgrundlagen in unserem Land gestoppt werden."[57] Auch hier waren die Anleihen bei SPD und Grünen unübersehbar.

Die PDS wandte sich entschieden gegen jeglichen "Überwachungs- und Unterdrückungsstaat". Sie forderte "eine uneingeschränkte Kompetenz der Volksvertretungen als oberste Machtorgane", Gewaltenteilung von Gesetzgebung, vollziehender Staatsgewalt und Rechtsprechung und plädierte "für die Anerkennung

54 Ebd., S. 90.

55 Ebd., S. 93.

56 Ebd., S. 94.

57 Ebd., S. 95.

einer 'vierten Gewalt': Öffentlichkeit und Medien. Öffentlichkeit schließt Durchschaubarkeit aller grundlegenden staatlichen und gesellschaftlichen Entscheidungsprozesse und vielfältige Formen gesellschaftlicher Kontrolle ein."[58] Gefordert wurden auch das verfassungsrechtliche Verbot von Neofaschismus, Rassismus, Antisemitismus, Chauvinismus und Kriegspropaganda.

Die Zukunft Deutschlands sah die PDS in einem entmilitarisierten vereinigten Europa der nationalen, sozialen, kulturellen und regionalen Vielfalt. Politische Stabilität in Europa sah man als Grundvoraussetzung für die deutsche Vereinigung. Der Schlüssel dafür liege jedoch im Osten: "Das Bündnis der DDR mit der Sowjetunion betrachten wir als eine entscheidende Bedingung ihrer Existenz und Entwicklungsfähigkeit und als Faktor der europäischen Stabilität in der gegenwärtigen Umbruchphase." Im Sinne einer Verbeugung vor dem Internationalismus versprach die PDS "aktive Solidarität mit den Völkern der Dritten Welt, um im gemeinsamen Ringen zur Milderung und schließlichen Überwindung von Hunger, Armut und Umweltzerstörung für eine gerechte Weltwirtschaftsordnung beizutragen".[59]

Das Programm hatte einen stark eklektizistischen Charakter. Es stellte eine bunte Mischung aus kommunistischen, grünen, sozialdemokratischen, feministischen sowie radikal- und basisdemokratischen Elementen und Forderungen dar. Kaum ein Feld der nationalen und internationalen Politik wurde ausgelassen. Die zahlreichen Widersprüche (z.B. Eintreten für die Marktwirtschaft bei gleichzeitiger heftiger Kapitalismuskritik) belegen, daß es der PDS keineswegs um eine klare, theoretisch fundierte Darstellung ihrer politischen Grundsatzpositionen ging. Um einen modus vivendi im Verhältnis der Strömungen und Plattformen untereinander zu finden, war die PDS gezwungen, den kleinsten gemeinsamen Nenner zu suchen und dabei jede unnötige Formalisierung zu vermeiden. Im Programm sollte sich jeder wiederfinden können. Die Partei wollte sich den Anstrich der Erneuerung geben und ihre Offenheit als neue Basis- und Sammlungspartei für unterschiedliche ideologische Strömungen dokumentieren. Wie Klaus Höpcke - einer der Autoren des Programms - einräumte, war auch die einfache Sprache beabsichtigt: sie sollte "sympathisch" sein. Ziel war es, die Massen davon zu überzeugen, daß die PDS in der DDR eine humane, friedliche, sozial gerechte und solidarische Gesellschaft anstrebe. Auch wenn die PDS in diesem Programm vom Wahrheitsmonopol der SED Abschied nahm, so fand doch keine offene und selbstkritische Auseinandersetzung mit der Vergangenheit statt.

---

58 Ebd., S. 100.

59 Ebd., S. 108.

Ein neues Grundsatzprogramm gab sich die PDS auf ihrem 3. Parteitag vom 29. bis 31. Januar 1993.[60] Seine zentralen Zielsetzungen wurden von André Brie wie folgt zusammengefaßt: "Im Mittelpunkt stehen nicht theoretische oder ideologischen Fragen, obwohl wir alle natürlich theoretisches und ideologisches Rüstzeug benutzt haben, nicht die Frage, was glaubt die PDS, sondern was will die PDS." Im Vergleich zum Programm von 1990 fällt die deutlich verschärfte antimarktwirtschaftliche Haltung auf. Die PDS sieht die Ursache für die globalen Probleme "in der kapitalistischen Produktions-, Verteilungs- und Konsumweise." Aus der Sicht der PDS ist der Kapitalismus schuld am gegenwärtigen Zustand der osteuropäischen Länder: "Die herrschende kapitalistische Produktionsweise und die dominierenden politischen Systeme verhinderten, daß die demokratischen und sozialistischen Ideale dieser Bewegungen verwirklicht werden konnten." Der Kapitalismus wird zum Hauptfeind erklärt: "Wir sind uns [...] einig, daß die Herrschaft des Kapitals überwunden werden muß".

Zwar räumte die PDS ein, daß es im DDR-System "auch Fehler, Irrwege, Versäumnisse und selbst Verbrechen" gegeben habe, insgesamt überwogen jedoch die positiven Bewertungen: "Zum Sozialismusversuch in der DDR gehören wertvolle Ergebnisse und Erfahrungen im Kampf um soziale Gerechtigkeit, um die Bestimmung der Ziele der Produktion im Interesse der werktätigen Bevölkerung, um ein solidarisches und friedliches Gemeinwesen auf deutschem Boden." Zwar kritisierte die PDS den Mangel an Demokratie in der DDR, aber auch im Jahre 1993 erfolgte keine echte Aufarbeitung der Vergangenheit.

Stattdessen war von "sozialistischer Erneuerung" die Rede. Die PDS sah sich weiterhin dem Erbe von Marx und Engels und "den vielfältigen Strömungen der deutschen Arbeiterbewegung sowie anderen revolutionären und demokratischen Bewegungen [...] und dem Antifaschismus" verpflichtet. Sie wandte sich offen gegen die Grundlagen des demokratischen Verfassungsstaates: "In der PDS haben sowohl Menschen einen Platz, die der kapitalistischen Gesellschaft Widerstand entgegensetzen wollen und die gegebenen Verhältnisse fundamental ablehnen, als auch jene, die ihren Widerstand damit verbinden, die gegebenen Verhältnisse positiv zu verändern und schrittweise zu überwinden. [...] Die PDS hält den

60 Programm der Partei des Demokratischen Sozialismus. Entwurf der Grundsatzkommission vom 20.12.1992, in: PID, Nr. 1, 8. Januar 1993, S. 1ff., Gregor Gysi, Zur politischen Situation und zum Programm der PDS, in: Disput, Nr. 3/4, 1993, S. 14ff., André Brie, Zum Programm der PDS, in: Disput, Nr. 3/4, 1993, S. 32ff., Befreiung der Visionen. Für eine sozialistische Erneuerung, Hamburg 1992; Programm der Partei des Demokratischen Sozialismus, in: Disput, Nr. 3/4, 1993, S. 36ff.

außerparlamentarischen Kampf um gesellschaftliche Veränderungen für entscheidend." Zwar will die PDS auch um "parlamentarische Stärke" ringen, der Schlüssel ihrer Strategie liegt jedoch eindeutig im außerparlamentarischen Kampf.

Die zentrale Botschaft des Programms ist die fundamentale Ablehnung des politischen und gesellschaftlichen Systems der Bundesrepublik. Ziel ist die schrittweise Überwindung des demokratischen Verfassungsstaates durch eine nur diffus skizzierte sozialistische Ordnung, die sich dem Erbe von Marx und Engels verpflichtet sieht.

3.2 Das Europa- und Bundestagsprogramm vom März 1994

Auf ihrem Bundesparteitag vom 11. bis 13. März 1994 verabschiedete die PDS ihre Programme für die Bundestagswahl und die Europawahl 1994. In ihrem Europawahlprogramm lehnt die PDS den Vertrag von Maastricht grundsätzlich ab. Er schaffe eine "Europäische Union der Grenzlosigkeit für Lastzüge, für Mülltourismus, für Aktienpakete und Versicherungspolicen, für polizeiliche Lauschaktionen und schnelle militärische Eingreiftruppen".[61] Die PDS will alternativ gemeinsam "mit Linken und anderen demokratischen Kräften in Westeuropa [...] das Europäische Parlament als Forum der demokratischen Mitsprache und Mitentscheidung der Bürgerinnen und Bürger nutzen." Tatsächlich wurden auf der Kandidatenliste Mitglieder anderer mehr oder weniger orthodoxer kommunistischer Parteien aus mehreren europäischen Ländern nominiert.[62]

Das Bundestagswahlprogramm der PDS trägt die Überschrift "Opposition gegen Sozialabbau und Rechtsruck".[63] Die PDS konstatiert "einen bedrohlichen Sozial- und Demokratieabbau, durch Wirtschafts- und Kulturzerstörung in Ostdeutschland sowie Tendenzen neuer Großmachtpolitik und die Gefahr eines Rechtsrucks". Der Wiedereinzug in den Bundestag sowie ihre Stärkung sind für die PDS "entscheidende Bedingungen, um realistische und finanzierbare Alternativen zur Politik der Bundesregierung und der SPD durchzusetzen". Die PDS sieht in einer "entschiedenen Demokratisierung des gesellschaftlichen und politischen Lebens in der BRD, insbesondere in der Erweiterung der direkten Beteiligungs- und Entschei-

---

61 Wahlaufruf der PDS: Europa - Wir haben die Wahl. Veränderung beginnt mit Opposition. Manuskript, 1994.

62 Darunter befinden sich Paglia Giuseppina (Italien, Rifondazione Comunista - Platz 5), Sanchez Julian Manon (Spanien - Platz 12), Georgios Koukoulas (Griechenland, Kommunistische Partei Griechenlands - Platz 18), Tanju Tügel (Türkei - Platz 16). Vgl. auch Opposition gegen Sozialabbau und Rechtsruck. Wahlprogramm der PDS 1994, Manuskript, 1994.

63 "Opposition gegen Sozialabbau und Rechtsruck", Bundestagswahlprogramm der PDS, verabschiedet auf dem Wahlparteitag vom 11.-13. März 1994.

dungsrechte von Bürgerinnen und Bürgern, eine unerläßliche Voraussetzung für die Realisierbarkeit alternativer Politik". Gefordert wird auch "die Ausarbeitung und Diskussion einer neuen Verfassung", die diesen Zielen umfassend Rechnung trägt und "durch eine Volksabstimmung" angenommen werden soll. Das Wahlprogramm umfaßt - im Anschluß an die Einleitung ("Die BRD braucht eine starke linke Opposition") - fünf Themenkomplexe:

- "Arbeit und soziale Sicherheit für alle"
- "Politik gemeinsam mit den Betroffenen machen"
- "Globale Bedrohungen abwehren, den Rechtsruck stoppen"
- "Kultur, Bildung und Wissenschaft fördern"
- "Die Zerstörungsstrategie in Ostdeutschland und die finanzielle und rechtliche Knebelung der Kommunen in der BRD beenden".

Die PDS spricht in ihren - in einer insgesamt moderaten Sprache gehaltenen - Wahlaussagen primär die Bürger in den neuen Ländern an. Im Mittelpunkt des Wahlprogramms stehen die Arbeitslosigkeit ("Umverteilung von Arbeit und Finanzen"), Wohnpolitik und Mietenfrage ("Schutz der Eigentums- und Nutzungsrechte der Menschen in Ostdeutschland"), die Einführung einer bedarfsorientierten sozialen Grundsicherung, "die Beseitigung aller Diskriminierungen von Frau en und des Paragraphen 218", die Beendigung "des Kalten Krieges in der BRD" und die Schaffung eines gewählten Gremiums, das die Interessen der Ostdeutschen gegenüber der Bundesregierung und dem Bundestag vertreten und sichern soll.

Die Bodenreform von 1946 wird im PDS-Wahlprogramm verteidigt. Weiterhin fordert die PDS die Beendigung der rechtlichen und finanziellen "Knebelung der Kommunen", Alternativen zu den "konservativen und reaktionären Tendenzen in der Kultur-, Bildungs- und Wissenschaftspolitik", den "Widerstand gegen Nationalismus, Großmachtpolitik, Rechtsextremismus und gegen die Abschaffung des Asylrechts" sowie eine "uneingeschränkte Antikriegspolitik".

Die PDS sieht sich im Wahlprogramm als eine "sozialistische Partei, die in den sozialen und politischen Auseinandersetzungen der BRD radikaldemokratische und antikapitalistische Positionen" einnimmt.

4. Bündnispolitik und außerparlamentarische Strategie

4.1 Die Westausdehnung der PDS

Im März 1994 setzte sich die PDS in den alten Bundesländern aus ca. 70 Basisgruppen zusammen. Sie hat dort heute 1.180 Mitglieder, zu denen noch die 300 aus Berlin-West hinzugezählt werden müssen. Die größten Landesverbände West sind Hamburg mit 200 Mitgliedern, Nordrhein-Westfalen mit 180, Niedersachsen/Bremen mit 120, Hessen mit 120, Bayern mit 100 und Rheinland-Pfalz mit 60 Mitgliedern. Die seit 1992 beigetretenen Mitglieder waren vorher überwiegend nicht politisch organisiert. Hauptmotiv für die Mitgliedschaft ist eine Mischung aus antikapitalistischen, pazifistischen und antifaschistischen Einstellungen.[64]

Bereits im Frühjahr 1991 war in Bonn eine Außenstelle des Parteivorstandes unter der Leitung von Marlies Deneke gegründet worden. Diese hatte die Aufgabe, die parlamentarische Arbeit im Bundestag und in den Landtagen sowie die Kontakte mit anderen Parteien zu koordinieren. Der Grund für Schaffung dieser Außenstelle war die schleppende Entwicklung der westlichen Landesverbände. Die Krise der PDS in Westdeutschland hatte sowohl ideologische als auch organisatorische Gründe. Auf der 2. Tagung des 2. Parteitages der PDS im Juni 1991 vertrat Gregor Gysi gar die provozierende These, die PDS/Linke Liste sei im Westen als "Sammlungsprojekt" gescheitert. Die Mitglieder der Landesverbände-West befürchteten, daß damit die Auflösung der westlichen Landesverbände eingeläutet werden sollte.

Tatsächlich war der Organisationsgrad sehr gering. Nur die Hälfte der 1991 etwa 600 Mitglieder nahm regelmäßig an Tagungen teil oder bekleidete Funktionen. Lediglich 18 Prozent der PDS-Mitglieder im Westen waren Frauen. Fast zehn Prozent aller aktiven Mitglieder in Westdeutschland waren im Herbst 1991 selbst Mitglieder des Parteivorstandes der PDS oder arbeiteten als Abgeordnete oder Mitarbeiter im Rahmen der Bundestagsfraktion. Auf drei Mitglieder kam eine Person, die ohne Parteizugehörigkeit in den Landesverbänden mitarbeitete, wobei die Situation hier im einzelnen sehr unterschiedlich war. In allen West-Landesverbänden war der größte Teil der Mitglieder vor 1990 DKP-Mitglied gewesen oder kam aus deren politischem Umfeld. Ein kleinerer Teil stammte aus dem grün-

---

64 Die Koordination der westlichen Landesverbände fiel ab dem 1. August 1991 in die Zuständigkeit von Claudia Gohde, die als Angestellte des Parteivorstandes im Verantwortungsbereich des Bundesgeschäftsführers zunächst vorwiegend in Hamburg, später mehr in Berlin, tätig war. Der Parteivorstand stellte 1993 zwei neue Mitarbeiter im Parteiapparat-West ein: Andreas Grünwald in Hamburg und Harry Grünberg in Frankfurt am Main. Halbtagsstellen wurden in Nordrhein-Westfalen und Bremen/Niedersachsen geschaffen.

alternativen und linksradikalen Spektrum, ein noch kleinerer Teil aus linkssozialdemokratischen oder linksgewerkschaftlichen Gruppierungen. Ein Viertel bis ein Drittel der Mitglieder war zuvor parteilos gewesen. Die westlichen Landesverbände hatten im Oktober 1991 13 Vollzeitmitarbeiter. In den größeren Landesverbänden und in Schleswig-Holstein bestanden Ende 1991 insgesamt 25 bis 30 einigermaßen funktionierende örtliche Basisgruppen, in denen auch Nichtmitglieder mitarbeiteten. Die übrigen Landesverbände waren hauptsächlich in Arbeitsgemeinschaften organisiert. Ansätze für eine Zusammenarbeit mit ostdeutschen Landesverbänden und Kreisorganisationen gab es in allen Landesverbänden, wenn auch zunächst nur in begrenztem Ausmaß. Die Mitarbeit in den Arbeitsgemeinschaften beim Parteivorstand ließ dagegen zu wünschen übrig.

Die Aufwendungen der westlichen Landesverbände für den Geschäftsbetrieb, für Gremienarbeit, Personal und Verwaltung beliefen sich 1991 nach Schätzung der Finanzkommission der PDS auf 2.5 Millionen DM. Das Beitragsaufkommen der westlichen Landesverbände betrug dagegen nur 120.000 DM. Trotz dieses Defizits beschloß der Parteivorstand Anfang November 1991, die materielle, finanzielle und personelle Unterstützung der westlichen Landesverbände fortzuführen. Die exakte Höhe der Hilfe wurde jedoch nicht festgelegt. Dies rief bei den westlichen Landesverbänden Beunruhigung hervor.[65]

In der Folgezeit wurden die Unterstützungssummen von zunächst 1 Millionen DM auf 600.000 DM reduziert. Nicht zuletzt infolge eines systematischen Abbaus der hauptamtlichen Mitarbeiter gingen die Aktivitäten der Landesverbände-West stark zurück.[66] Die Finanzierung der westlichen Landesverbände konnte 1992 durch die Umverteilung von Rücklagen gesichert werden. 1993 mußten den westlichen Landesverbänden wieder Zuschüsse in Höhe von 200.000 DM zur Verfügung gestellt werden. 1993 wurde das Pressewesen umstrukturiert. Heute gibt es in den alten Ländern (einschließlich Berlin-West) knapp 20 regelmäßige Publikationen.[67]

---

65 Im Laufe des Jahres 1991 trafen sich die Sprecher der westlichen Landesverbände regelmäßig anläßlich der PV-Tagungen, an denen alle LV mit Ausnahme von Nordrhein-Westfalen teilnahmen.

66 So nahm schließlich keiner der Landesgeschäftsführer aus dem Westen mehr an den LGF-Beratungen teil.

67 Dazu gehören das "Konzept Links" (Auflage von ca. 5.000), das in Hessen vertrieben wird. In Berlin (West) gibt die PDS drei Monatsblätter heraus: "Die rote Luzi" (PDS-Mitgliederzeitung der Westberliner Bezirke, 2.000 Exemplare), "GegenDruck -Kreuzberger Seiten der PDS" (1.000 Exemplare) und Info-Nord" (PDS-Basisorganisation Wedding/Reinickendorf, 700-850 Exemplare). Infos und Rundbriefe für Mitglieder und Abonnenten erscheinen im gemeinsamen Landesverband Bremen/Niedersachsen (Widerspruch), in Hessen, Hamburg (vierzehntägig gemeinsam mit Schleswig-Holstein) und in Nordrhein-Westfalen (monatlich). Die Herausgabe eines gemeinsamen Rundbriefes der Landesverbände in den alten Ländern scheiterte bis zum Oktober 1993 sowohl an finanziellen Problemen als auch an ideologischen Querelen über die zukünftige Orientierung der Partei.

Die PDS nahm im Westen an einigen Landtags- und Kommunalwahlen teil. In Hamburg beteiligten sich 1993 Mitglieder der PDS/Linke an der "Linken Liste - Wehrt Euch", die bei der Bürgerschaftswahl auf 0,4 % der Stimmen kam. Auch in Niedersachsen (1991) und Hessen (1993) traten bei den Kommunalwahlen PDS-Mitglieder in Wahlbündnissen an.[68]

Seit Anfang des Jahres 1993 ist eine gewisse Reaktivierung der West-Landesverbände der PDS zu beobachten. Am 22. Mai 1993 fand in Bonn ein "kleiner Parteitag West" statt, auf dem eine "Arbeitsgemeinschaft West" gegründet wurde.[69] Diese gibt einen "Rundbrief" heraus, von dem bis Ende 1993 drei Nummern erschienen sind. Im zweiten Halbjahr 1993 bereitete man sich vor allem auf die Wahlkämpfe im "Superwahljahr" 1994 vor. Im Mittelpunkt standen Strategiediskussionen, insbesondere die Frage möglicher Wahlbündnisse mit anderen Organisationen (vor allem: DKP und K-Gruppen).[70]

Insgesamt ist es der PDS - trotz ihrer Bemühungen - nicht gelungen, im Westen eine wahlkampffähige Organisation aufzubauen.

4.2 *Die Bündnispolitik der PDS*

4.2.1 *Die Gerechtigkeitskomitees*

Am 12. Juli 1992 initiierten Gregor Gysi und der brandenburgische CDU-Politiker Peter-Michael Diestel das Projekt einer Bürgerbewegung für Ostdeutschland. Diestel hatte bereits Anfang Juni 1992 den Vorschlag gemacht, eine "Ost-Partei" zu gründen, die auf die Bedürfnisse der Menschen in den neuen Ländern zugeschnitten sein sollte. Gysi zeigte spontan großes Interesse an einem gemeinsamen Projekt. Den daraufhin erhobenen Vorwurf, seine Partei schüre die "Unzufriedenheit im Osten", nahm Gysi gelassen hin: "Wir artikulieren sie natürlich. Wie sollten wir uns denn sonst verhalten?"[71] Weiter fügte er hinzu, die PDS sei "nicht völlig frei von Populismus."[72]

---

68 Frankfurt/Main (ÖkolinX: 1,2% bzw. 2,6% im Umlandverband Frankfurt), Offenbach (Liste Niemand: 2,7%), Hirzenhain (Liste SOL: 2,7%), Marburg (DKP und Ökoli: 4,8%), Pohlheim (Alternative Liste Pohlheim. 4,7%, Einzug in 3 Ortsbeiräte).

69 Siehe Anhang.

70 Grundlinien der Wahlstrategie im Westen, PDS/Linke Liste, Arbeitsgemeinschaft westliche Bundesländer, Frankfurt/Main, 30.-31.10.1993, 16 S. Die 3. Delegiertenkonferenz der AG Westliche Landesverbände fand am 29./30. Januar 1994 in Köln statt.

71 "Ich bekämpfe die DDR-Nostalgie". Interview mit Gregor Gysi, in: Der Spiegel, 23/1992, S. 35f.

72 Ebd., S. 36.

An eine Partei neben der PDS war nicht gedacht, für denkbar hielt man allenfalls ein "breites Personenbündnis". Das Gründungsdatum war wohlüberlegt. Die Unzufriedenheit in der ostdeutschen Bevölkerung nahm seit dem Frühsommer 1992 zu. Nach dem Wahlerfolg der PDS bei der Kommunalwahl in Berlin am 24. Mai 1992 herrschte in der Partei eine geradezu euphorische Stimmung. Die PDS erreichte 11.3 % der Stimmen (170.799 Wähler) und kam in Berlin-Mitte sogar auf einen Stimmenanteil von 35,8 %. Zum ersten Mal in der Geschichte der PDS waren Basis und Führung davon überzeugt, daß die Partei sich stabilisiert hätte und der Trend nach unten gestoppt sei.

Die Tatsache, daß die Gründung der Gerechtigkeitskomitees im "Sommerloch" 1992 erfolgte, sicherte dem Ereignis zudem die fast ungeteilte Aufmerksamkeit der Medien. Diestel und Gysi betonten die "Überparteilichkeit" und Unabhängigkeit der Gerechtigkeitskomitees und hatten mit der Wahl des Namens erreicht, daß viele Bürger spontan Sympathie für das Projekt empfanden (wer ist schon gegen Gerechtigkeit ?).

69 "Prominente", davon ein Drittel aus Westdeutschland, unterzeichneten einen "Appell zur Gründung von Komitees für Gerechtigkeit".[73] Darunter waren Politiker, Sportler und eine ganze Reihe "Kulturschaffender" wie Stephan Hermlin, Stefan Heym,[74] Walter Janka, Stefan Krawczyk und Heiner Müller. Die PDS hob besonders hervor, daß sie selbst nur durch zwei Personen vertreten werde (Gregor Gysi und Lothar Byski), daß also überwiegend "Unabhängige" das Projekt unterstützten. Das Neue Forum charakterisierte den Kreis der Initiatoren jedoch völlig anders: "Alte DKPler wie Hannes Wader und Franz-Josef Degenhardt, denen die Interessen der DDR-Bevölkerung bis 1989 gleichgültig waren, [...] die der DDR-Führung nahestehenden Professoren Jürgen Kuczynski und Hans Mottek, die als Wirtschaftswissenschaftler die realsozialistische Ökonomie gerechtfertigt haben, die Oberkirchenrätin Christa Lewek, eine Zeit lang Sekretärin des CDU-Chefs Otto Nuschke, die sich auf das Behindern der kirchlichen Opposition und westlichen Korrespondenten verstanden hat, Heinrich Fink, der als Mitglied der Christlichen Friedenskonferenz gegen die DDR-Friedensbewegung gearbeitet hat".

Im Gründungsmanifest der Gerechtigkeitskomitees wurde an die Diktion des PDS-Programms angeknüpft. Die Bürger in den neuen Bundesländern fühlten sich als "Menschen zweiter Klasse". "Deindustrialisierung, Zerstörung der Landwirtschaft, Massenarbeitslosigkeit, sozial unverträgliche Mietsteigerungen" und vieles andere mehr hätten die "Hoffnungen zerstört, die mit der deutschen Einheit

73 "Diskussionsangebot für künftige Mitglieder der Komitees für Gerechtigkeit". In: ND, 13. Juli 1992.

74 Zum Werdegang von Heym vgl.: Der Spiegel, 28.3.1994.

verknüpft waren". Die Ostdeutschen müßten "ihre Interessen selber aussprechen und wahrnehmen. Dazu rufen wir auf, [...] 'Komitees für Gerechtigkeit' zu bilden, die überparteilich sind und zu denen jede und jeder Zutritt hat. Diese Komitees vertreten die Interessen der Bürgerinnen und Bürger und üben Einfluß auf die Parlamentarier aus."

Konkrete Vorschläge, wie die aufgelisteten Sachprobleme zu lösen seien, wurden aber nicht gemacht. Auch Struktur und Strategie der "Komitees" blieben vage. Gysi unterstrich, es handele sich um eine "außerparlamentarische Bewegung", die als "Alternativ-Angebot" zu den Parteien angetreten sei. Daneben erhoben die "Komitees" den Anspruch, eine Kontrolle der demokratischen Institutionen und Behörden im Namen der ostdeutschen Bürger zu betreiben, eine Idee, die Gregor Gysi in seinem sogenannten "Ingolstädter Manifest" 1994 später fortentwickelte.[75]

Die Komitees griffen auf die gesamte Palette der üblichen kommunistischen Unterwanderungs- und Desinformationstechniken zurück. Ilse Spittmann notierte: "Die gewollt diffuse Organisationsstruktur [der Komitees] bietet der PDS als einziger organisierter Kraft mit politischer Erfahrung und Geld beste Möglichkeiten zur indirekten Steuerung."[76] Einerseits sind die Mitglieder der Komitees in bestimmten Fällen zu 99 % auch Mitglieder der PDS (z.B. das Komitee von Berlin-Marzahn, wo Gregor Gysi 1990 das Direktmandat holte). Andererseits stellen die klassischen Überwachungstechniken des PDS-Apparats den Einfluß der PDS auf lokaler Ebene sicher.[77] Bundesweit gibt es derzeit etwa 70 Komitees mit gut 5.000 Mitgliedern. Davon ist aber weniger als die Hälfte als aktiv. In Westdeutschland sind heute nur drei Gerechtigkeitskomitees aktiv (Hamburg, Bremen und Frankfurt), in denen sich Mitglieder linksextremer Splittergruppen und der DKP, Anhänger des früheren Reformflügels dieser Partei, die sich nicht der PDS angeschlossen haben und Anhänger der PDS finden. Die Arbeit der Komitees im Westen wird in hohem Maße durch persönliche Animositäten blockiert.

Abschließend stellt sich die Frage, was Gysi mit den "Komitees" bezwecken wollte. Auf einem Treffen der Führungsspitzen von DKP und PDS, das Anfang Juli 1992 in Berlin stattfand, führte Gysi aus, die eigene Isolation und Ausgrenzung sollte überwunden werden. Die "Komitees" sollten all denen Übergangsstrukturen

---

75 Gregor Gysi: Ingolstädter Manifest, Wir - mitten in Europa. Plädoyer für einen neuen Gesellschaftsvertrag, in: ND, 17. Februar 1994, S. 9ff.

76 Ilse Spittmann, Die Verantwortung läßt sich nicht teilen, in: DA, 8/1992, S. 786.

77 In Leipzig schloß sich eine Anzahl früherer Mitglieder der Bürgerbewegung bzw. der SED-PDS in der Zeit von Juli bis September 1992 den Komitees an. Bald mußten sie aber feststellen, daß die organisatorische Arbeit von hauptamtlichen Mitarbeitern oder "PDS-Rentnern" erledigt wurde. So wurden Flugblätter und andere Informationsschriften in den Räumen der PDS gedruckt.

anbieten, die den Widerstand gegen die deutsche Einigung in Form einer "Volksfront" oder "Ost-APO" organisieren wollten. 1994 sind die "Komitees" in die PDS-Strategie der "offenen Listen" integriert und haben somit eine strategische Funktion für den Wahlkampf.

4.2.2 Das "Netzwerk Ost" und die Kampagne gegen das "Vereinigungsunrecht"

Die Gerechtigkeitskomitees sind nur ein Aspekt der subversiven Tätigkeit der PDS. Die Partei hat es sowohl im Osten als auch im Westen verstanden - wie die DKP vor der Vereinigung - mit unterschiedlichen Akteuren zusammenzuarbeiten, sie mehr oder weniger unbemerkt zu beeinflussen und sie teilweise sogar unter ihre Kontrolle zu bringen. Bei ihren Kampagnen gegen den Einigungsprozeß (PDS-Jargon: "Vereinigungsunrecht") setzt sie auf Komitees und andere Organisationen, die von PDS-Sympathisanten oder PDS-Kadern unterwandert sind. Das Netzwerk dieser Gruppierungen wird von dem sogenannten "Ostdeutschen Kuratorium der Verbände" zusammengehalten.[78] Dessen Vorsitzender ist seit März 1994 Peter Michael Diestel. Die assoziierten Einzelorganisationen lassen sich auf fünf Grundtypen reduzieren:[79]

- antifaschistische Organisationen, die noch aus der SED-Zeit stammen
- Gesellschaften zum Schutz der Rechte bestimmter Gruppen (z.B. ehemalige Stasi-Mitarbeiter, ehemalige Mitglieder der bewaffneten Organe NVA, Grenztruppen - Lehrer und Hochschullehrer)
- Gerechtigkeitskomitees
- Vereinigungen von Haus- und Grundstückbesitzern
- Vereinigungen von älteren Menschen.

---

78 Ostdeutsches Kuratorium der Verbände, Mitteilungen Nr. 1, Beiträge vom 1. Ostdeutschen Bundeskongreß der Verbände am 2. Oktober 1993 in Berlin.

79 Zur Mitarbeit im Ostdeutschen Kuratorium der Verbände haben sich bereits eine Reihe von Organisationen bereiterklärt (z.B.: Alternative Enquete-Kommission Deutsche Zeitgeschichte, Bund der Antifaschisten und weitere ANTIFA-Gruppen, Arbeitsgemeinschaft Berliner Mietervereinigungen (AGBM), Arbeitslosenverband Deutschland e. V., Bundesverband der Komitees für Gerechtigkeit, Deutscher Friedensrat e. V., Demokratischer Frauenbund e. V. (DFB), Ernst V. Lipski, Vorsitzender der Industriegewerkschaft Medien, Druck und Papier, Initiativgemeinschaft zum Schutz der sozialen Rechte ehemaliger Angehöriger bewaffneter Organe und der Zollverwaltung der DDR e.V. (ISOR), Interessengemeinschaft der emeritierten und im Ruhestand befindlichen Hochschullehrer und Hinterbliebenen.

Die PDS ist zwar nicht offizielles Mitglied des Kuratoriums. Mit Hilfe ihrer Sympathisanten und Vertreter aus den Arbeits- oder Interessengemeinschaften ist sie jedoch stets präsent. Sie nimmt ideologisch und organisatorisch eine dominierende Stellung ein. Die PDS strebt an, aus dem "Ostdeutschen Kuratorium der Verbände" eine Dritte (ostdeutsche) Kammer neben Bundestag und Bundesrat zu machen, die ein Kontrollrecht über die Exekutive und die Legislative ausüben soll. Auf diese Weise will sie eine Interventionsmacht aufbauen, die auf alle Bereiche der Politik Einfluß nehmen soll und damit weit über die Möglichkeiten einer parlamentarischen Vertretung hinaus politisch tätig werden könnte.

Die wichtigste dieser Vorfeldorganisationen ist die in der Öffentlichkeit nur wenig bekannte, aber sehr aktive "Gesellschaft zum Schutz von Bürgerrecht und Menschenwürde" (GBM). Diese versteht sich als eine Art politische Elite und vereint eine beachtliche Anzahl ehemaliger SED- und MfS-Funktionäre sowie Professoren und Intellektuelle aus der ehemaligen SED- und MfS-Elite (z.B. Wolfgang Richter und Klaus Eichner).[80]

Die GBM koordiniert die Tätigkeit von über 20 befreundeten Organisationen. Sie gibt die Monatszeitschrift "Das ostdeutsche Journal für Recht und Würde" heraus.[81] Die GBM ist gegenwärtig eine der wichtigsten Schaltstellen der gegen den Einigungsprozeß gerichteten PDS-Kampagnen und eine der sichersten Verbündeten der PDS.[82]

Die "Alternative Enquete-Kommission Deutsche Zeitgeschichte" versteht sich als Gegenunternehmen zur beim Deutschen Bundestag eingerichteten Enquete-Kommission "Geschichte und Folgen der SED-Diktatur in Deutschland".[83] Sie trat im Januar 1993 erstmals an die Öffentlichkeit. Ihr Selbstverständnis faßt die "Alternative Enquete-Kommission" wie folgt zusammen: Die "DDR-Geschichte läßt sich nicht auf Unrecht und Verfolgung, Demütigung und Entwürdigung reduzieren. [...] Sie war [...] wesentlich vielgestaltiger, wies durchaus positive Seiten auf, zeitigte auch wertvolle Leistungen und sollte daher umfassend, nicht willkürlich verkürzt, erforscht werden.[84] "Zur Alternativen Enquete-Kommission" gehören

---

80 An die Komitees für Gerechtigkeit, in: Journal für Recht und Würde, Nr. 4/5, 1992, S. 42.

81 Deutschland. Eine ostdeutsche Initiative, Oktober 1993.

82 Die GBM hat ein alternatives ostdeutsches Geschichts-FORUM ins Leben gerufen. Die erste Veranstaltung am 14. September 1992 fand unter dem Motto "Ostdeutsch ist beautiful. Diskurs über DDR-Nostalgie und Ostdeutschen Widerstand, mit Peter-Michael Diestel, Gregor Gysi, Klaus Grehn (Arbeitslosenverband) und Wolfgang Richter (GBM)" statt.

83 ND, 18. Januar 1993.

84 Alternative Enquete-Kommission Deutsche Zeitgeschichte, in: Journal für Recht und Würde, Nr. 2/93.

auch führende Funktionäre der PDS wie Jochen Czerny (Sprecher der Historischen Kommission der PDS), Altkommunisten wie Fritz Rische (DKP, Mitglied der KPD-Fraktion im Ersten Deutschen Bundestag 1949) und Funktionäre der ehemaligen SED und der früheren Blockparteien der DDR wie Manfred Gerlach und Günter Maleuda, der als Parteiloser auf der offenen Liste der PDS für die Bundestagswahl 1994 kandidieren wird.

Nach dem klassischen Muster der kommunistischen Bündnisarbeit organisieren die PDS und die von ihr beeinflußten Vorfeldorganisationen regelmäßig Kampagnen gegen "Berufsverbote". Dabei versucht man gezielt, eine breite Öffentlichkeit anzusprechen. So fand am 16./17. Januar 1993 in Berlin ein "Internationales Hearing" zum Thema "Die Berufsverbote im vereinten Deutschland und das neue Europa" statt.[85] Der Kongreßaufruf wurde von mehr als 200 Personen unterstützt. Darunter waren PDS-Spitzenfunktionäre wie Gregor Gysi und Uwe-Jens Heuer, DKP-Mitglieder (z.B. Peter Gingold), aber auch namhafte westdeutsche Linksintellektuelle (Eckart Spoo, Berndt Engelmann). Auch Funktionäre und Sympathisanten der Kommunistischen Partei Frankreichs (KPF) waren vertreten.[86] Bei dieser Aktion traten PDS, DKP und ehemalige Stasi-Angehörige zusammen auf.

Bei ihren "Berufsverbote-Kampagnen" zugunsten alter MfS- und SED-Kader, stützt sich die PDS in erster Linie auf die Betroffenen, aber auch auf ehemalige DKP-Kader, die diese Art von Kampagnen bereits in Westdeutschland inszeniert hatten. Ein gutes Beispiel für einen solchen "Transfer von Fachkräften" bietet der frühere Funktionär der DKP-gesteuerten "Deutschen Friedens-Union" (DFU) und Mitarbeiter im Arbeitsausschuß der "Initiative gegen Berufsverbote", Horst Bethge.[87] Unter den in den neuen Bundesländern entstandenen Initiativen gegen "Berufsverbote" ist die "Initiative für die volle Gewährung der verfassungsmäßigen Grundrechte und gegen Berufsverbote" die wichtigste.[88]

---

85 UZ, 22. Januar 1993, ND, 15. Januar 1993; Initiative für die volle Gewährung der verfassungsmäßigen Grundrechte und gegen Berufsverbote; Presse - Information. Ergebnisreader des Internationalen Hearings Berufsverbote vom 28. April 1993.

86 Internationales Hearing Berufsverbote, Konferenzmaterialien, Berlin, 1993. Es gab zwei Herausgeber, die "Initiative für die volle Gewährung der verfassungsmäßigen Grundrechte und gegen Berufsverbote" sowie eine DKP nahe Initiative "Weg mit den Berufsverboten", Arbeits ausschuß, Hamburg. An der Aktion nahmen auch die Kommunistische Partei Frankreichs und die CGT teil.

87 Bethge wurde 1991 "bildungspolitischer Sprecher" im Bundesvorstand der PDS und ist heute einer der wichtigsten Köpfe der westdeutschen Landesverbände der PDS.

88 Diese Initiative hat ihr Büro bei der GBM.

Alle diese Organisationen (es wurden inzwischen mehr als 90 gezählt) haben in ihrer Gesamtheit ein dichtes, arbeitsfähiges Netz, das die neuen Länder flächendeckend überzieht. Zudem verfügen sie über ausreichende Geldmittel. Diese Organisationen übernehmen konsequent alle Positionen der PDS und vertreten sie in der Öffentlichkeit. Sie sind mehr oder weniger Werkzeug der subversiven Taktik der PDS.

4.2.3 Integration der Linkspotentials in Ost und West

4.2.3.1 Die Kommunistische Plattform (KPF)

Laut PDS-Statut ist die Kommunistische Plattform (KPF) "ein Zusammenschluß in der PDS. Sie arbeitet im Rahmen des Statuts der PDS aktiv in Basisorganisationen und Gremien der PDS mit. Sie versteht sich als eine Aktion von Kommunistinnen und Kommunisten in der PDS". Die KPF tritt "für ein breites linkes Bündnis" ein und wirkt "aktiv in Gewerkschaften, der Friedensbewegung, in Bürgerinitiativen und anderen politischen, sozialen und ökologischen Bewegungen". Die in politischen und sozialen Auseinandersetzungen gewonnenen praktischen Erfahrungen nutzt sie "für die Erhöhung der Aktionsfähigkeit der PDS". Sie strebt "insbesondere die Zusammenarbeit mit allen an, die mit dem Ziel einer sozialistischen Alternative zum bestehenden kapitalistischen System sich aktiv in die politischen, sozialen und anderen Auseinandersetzungen der Gegenwart" einbringen.

Die orthodox marxistisch-leninistisch ausgerichtete Plattform strebt an, "kommunistisches Gedankengut innerhalb der PDS stärker zum Wirken" zu bringen. Dies soll "die Aktionsfähigkeit der PDS erhöhen, ihre Handlungsfähigkeit stärken und ihr helfen, eine aktive Rolle in den sozialen Auseinandersetzungen unserer Zeit" einzunehmen. Die KPF vertritt die Ansicht, daß der bürgerliche Staat nur revolutionär-demokratisch zu überwinden sei. Ihre politische Arbeit wird von "internationalistischen Gesichtspunkten" geleitet. Im Interesse der Aktionseinheit strebt sie "ein breites Bündnis mit kommunistischen Parteien, Gruppen, Zusammenschlüssen und Kräften, vorrangig bundes- bzw. europaweit" an.[89]

---

89 Satzung der Kommunistischen Plattform der PDS; in: Mitteilungen der KPF, Heft 1/1993, 4. Jg., Nr. 35, S. 15ff., KPF, Politische Erklärung. Entwurf vom 29. Oktober 1993, Manuskript; Eberhard Czichon, Hein Marohn, Marxismus und Dogmatismus. Zur Verteidigung des revolutionären Marxismus. 1994.

Der PDS-Vorsitzende Lothar Bisky beschrieb in einem Interview mit der DKP-Zeitung “Unsere Zeit” die Kommunistische Plattform folgendermaßen: “Ich bin froh, daß es die Kommunistische Plattform gibt. Sie ist, scheint mir, sehr aktiv und eine wichtige Kraft. Ich bin auch ständig im Gespräch mit ihr. Ich selber gehöre ihr nicht an. Aber daß es sie gibt, ist ungeheuer wichtig für die PDS. In der Programmdiskussion - so ist mein Eindruck - hat sie uns zu einer Reihe von Gedanken verholfen. Ich habe überhaupt keine Lust, mich von der kommunistischen Plattform in der PDS in irgendeiner Weise abzugrenzen.”[90]

Als ihren Hauptverbündeten in der Bundesrepublik sieht die Kommunistische Plattform die DKP. Im November 1993 erklärte Heinz Marohn, Sprecher der KPF, auf dem Wahlparteitag der DKP: “Daß wir unser Augenmerk besonders auf die DKP richten, hat mehrere Gründe”, [...] uns verbinden marxistische Grundpositionen, politische Zielsetzungen, gesellschaftliche Analysen und auch ein gemeinsames Erbe; [...] die DKP, wie groß oder klein auch, ist die größte kommunistische Partei in Westdeutschland; [...] weil wir uns am meisten des gemeinsamen Klassenfeindes bewußt sind.”

Anfang 1994 hatte die Kommunistische Plattform 3.500 Mitglieder. Ihr Organisationsgrad ist sehr niedrig, da die KPF noch in keinem der neuen Bundesländer eine funktionierende Organisationsstruktur aufbauen konnte. Einige versprengte Anhänger im Westen finden sich insbesondere in den Landesverbänden Hamburg und Niedersachsen. Der Bundeskoordinierungsrat der KPF gibt monatlich “Mitteilungen der Kommunistischen Plattform der PDS” heraus. Die KPF wird von der PDS-Zentrale finanziell unterstützt.[91]

Der Einfluß der Kommunistischen Plattform auf Kurs und Strategie der PDS hat seit 1989 kontinuierlich abgenommen. Die KPF ist von der Parteiführung politisch und organisatorisch instrumentalisiert worden. So gab es zwischen November 1989 bis Januar 1990 eine Zusammenarbeit zwischen der Parteiführung und der KPF, die die Verhinderung der Selbstauflösung der SED zum Ziel hatte. Danach drängte die Parteiführung den Einfluß der Plattform jedoch systematisch zurück. Die KPF verselbständigte sich daraufhin, intensivierte ihre Kontakte zu DKP und KPD-Ost mit dem Ziel, sich von der Partei abzuspalten. Dieser Plan erschien der PDS-Führung aus ideologischen und taktischen Gründen jedoch als zu gefährlich. Gysi war überzeugt, daß sich die PDS dieses traditionell orientierte marxistisch-

90 UZ-Interview mit Lothar Bisky, in: Unsere Zeit von 5. Februar 1993. Zu Lothar Bisky vgl. Gisela Oechelhaeuser, Lothar Bisky: “So tief bücke ich mich nicht!”, Berlin 1993.

91 FAZ, 5.1.1994.

leninistische Potential erhalten müßte. Auf dialektischer Ebene bot die Existenz einer Kommunistischen Plattform der PDS-Führung einen entscheidenden Vorteil: Sie konnte sich im Gegensatz zu ihr als nichtkommunistisch und klassisch sozialistisch präsentieren. Die beschriebene Doppelstrategie gehört zu den ideologischen und organisatorischen Tarnstrategien der PDS.

4.2.3.2 K-Gruppen und Linksextremisten

Immer mehr Anhänger des linksextremen Spektrums arbeiten mit der PDS zusammen. Diese Öffnung zur extremistischen Szene wird am Beispiel der sogenannten "Antifaschismus"-Kampagnen deutlich. Verbündete aus dem linksextremen Lager findet die PDS bei den Resten der dogmatischen "K-Gruppen" und bei den Sympathisanten der anarchistischen "Autonomen"-Szene (insbesondere in Berlin, Brandenburg, aber auch in Niedersachsen). Mitunter wird auch die DKP als Partner akzeptiert. Es lassen sich zwei Arten von Vereinnahmung unterscheiden, die sich in der Praxis meistens überschneiden:

- Anschluß von linksextremen Aktivisten an Parteistrukturen der PDS oder Zusammenarbeit der Partei mit linksextremen Gruppierungen
- lokale Wahlbündnisse.

Seit 1990 umwirbt die PDS auch trotzkistische Organisationen, vor allem die in Paris ansässige "IV. Internationale - Vereinigtes Sekretariat". Mit deren ideologischem Kopf Ernest Mandel, der bei der PDS den Ruf eines sehr guten Kenners der politischen Ökonomie genießt, veranstaltete Gysi mehrfach gut besuchte Podiumsdiskussionen. Einer der prominentesten deutschen Mitstreiter des "Vereinigten Sekretariats", Jakob Moneta, ist Mitglied des Bundesvorstands der PDS. Dort ist er für die Gewerkschaftsarbeit verantwortlich. Über die "antifaschistischen" Aktivitäten eines mit dem "Vereinigten Sekretariat" konkurrierenden trotzkistischen Dachverbandes ("Committee for a Worker's International" CWI, Sitz London) wird in der PDS-nahen Presse wohlwollend berichtet. CWI steuert über seine nationalen Sektionen eine europaweite Tarnorganisation "Jugend gegen Rassismus in Europa" (JRE). Die deutsche Sektion von CWI trägt den Namen "VORAN zur sozialistischen Demokratie e.V.". Sie hat 250 Mitglieder.[92] Die Gruppe VORAN ist für die PDS insbesondere wegen ihrer Versuche, auf die Jungsozialisten Einfluß zu nehmen, interessant. Man verspricht sich davon eine leichtere Kontaktaufnahme zu den Jusos.

---

92 Verfassungsschutzbericht 1992, S. 55f.

Wie erwähnt, zählen auch die K-Gruppen zu den bevorzugten Ansprech- und Bündnispartnern der PDS. So entstammen beispielsweise die PDS-Bundestagsabgeordneten Andrea Lederer und Ulla Jelpke dem Kommunistischen Bund (KB).

Der Arbeiterbund für den Wiederaufbau der KPD (AB) spaltete sich 1990. Die Mehrheit der AB-Mitglieder befürwortete eine Zusammenarbeit mit der PDS. Sie schloß sich dem "Ständigen Rat Marxistischer Parteien" (SMRP), in dem auch die Kommunistische Plattform der PDS und die MLDP mitarbeiten. Mit Hilfe finanzieller Unterstützung der PDS hatte der Arbeiterbund 1990 ein "Propagandaspektakel" unter dem Namen "Anachronistischer Zug" (in Anlehnung an ein Brecht-Gedicht) inszeniert. Dabei fuhr ein LKW-Konvoi von Stadt zu Stadt. Mit Hilfe von Kunst wurde dargestellt, welch verheerenden Einfluß der Kapitalismus auf die Menschheit hat. 1994 soll ein "Anachronistischer Zug" unter dem Motto "Nieder mit Schirinowskij" starten.[93]

Der 1980 gegründete "Bund Westdeutscher Kommunisten" (BWK) löste sich 1994 auf[94] und wurde zu einer Arbeitsgemeinschaft innerhalb der PDS. Der von ihm geführte Verlag "Gesellschaft für Nachrichtenerfassung und Nachrichtenverbreitung" druckt Zeitungen und Broschüren für zahlreiche Gruppierungen der extremen Linken (gelegentlich auch für die Sympathisanten der Terrorszene).[95] Zusammen mit dem "Kommunalpolitischen Forum bei der PDS" veröffentlicht er das "Informationsblatt Linke Kommunalpolitik". Zu den Partnern der PDS gehören auch die "Vereinigte Sozialistische Partei" (VSP) und einige Mitglieder der sogenannten "Ökologischen Linken", die 1991 von Jutta Ditfurth gegründet wurde.[96]

Bei den sogenannten "Autonomen" muß man zwischen Ost- und Westdeutschland unterscheiden. Im Osten arbeiten die Autonomen auf lokaler Ebene gelegentlich mit der PDS zusammen, beschränken sich dabei aber auf den sogenannten "antifaschistischen" Kampf. Im Westen (in Niedersachsen und Berlin) geht die Kooperation dagegen über sogenannte "Antifa"-Aktionen hinaus. So hat die PDS-Führung etwa den Übergriffen von "Autonomen" auf Bundespräsident Weizsäcker diskret Beifall gezollt und diese Ausschreitungen nicht verurteilt.

---

93 Thomas Schmitz-Bender, Überlegungen zu einem "Anachronistischen Zug", 1994, Manuskript.

94 Im Tätigkeitsbericht des BWK-Bundesvorstandes (Juli bis September 1993) war zu lesen: "Da die PDS bundesweit mit Abstand die größte Organisation der Linken in der BRD ist und sie bei den Wahlen eine großen Teil der Stimmen im Osten holen wird, ist die 'Offene Liste' auch Ausdruck einer objektiven Situation."

95 GNN, Gesellschaft für Nachrichtenerfassung und Nachrichtenverbreitung, Wer sind wir?, 1993.

96 VSP, Klarheit statt Salonfähigkeit. Zur Kritik des PDS-Programms, Köln, 1993. Die VSP ruft dazu auf, bei der kommenden Bundestagswahl die Listen der PDS zu wählen. Für die Ökologische Linke hat die PDS große Sympathie, da sie nach Verbündeten im Lager der Umweltschützer sucht.

Die Kommunal- oder Länderwahlen stellen ein letztes Beispiel für die extremistischen Aktivitäten der PDS dar. Der Hamburger Landesverband der PDS beteiligte sich an dem Wahlbündnis "Linke Alternative - Wehrt Euch", das an der Bürgerschaftswahl vom 19. September 1993 teilnahm. Auf dieser Liste kandidierten Mitglieder des aufgelösten KB, der DKP und der Marxistisch-Leninistischen Partei Deutschlands (MLDP). An der niedersächsischen Landtagswahl vom März 1994 beteiligte sich eine "Linke Liste Niedersachsen", an der der "Bund Westdeutscher Kommunisten" (BWK), die DKP, die "Öko-Linke", die PDS, die "Vereinigung der Verfolgten des Nazi-Regimes/Bund der Antifaschisten in der Bundesrepublik Deutschland" (VVN/BdA) und die "Volksfront gegen Reaktion, Faschismus und Krieg" beteiligt waren.[97]

Zusammenfassend besteht das eigentliche Problem in der konkreten Zusammenarbeit der PDS mit diesen Extremisten. Indem sie offen die Verbreitung revolutionärer Thesen, das Predigen von bewaffneter Gewalt und Diktatur unter ihrem Namen zuläßt, begibt sich die Partei als Ganzes auf dünnes Eis und agiert außerhalb der verfassungsmäßig anerkannten demokratischen Prinzipien.

4.2.4 Antifaschismus-Kampagnen und Infiltration der Gewerkschaften

Die PDS hat schon sehr früh versucht, in den Gewerkschaften Fuß zu fassen. Eine besondere Rolle kommt dabei der "AG Gewerkschaftspolitik" zu, die am 1. Juni 1991 in Hannover konstituiert wurde. Die Hauptverantwortlichen der AG waren Heidi Knake-Werner[98] und Annemarie Klemm. Diese AG verfügt über ein monatliches Organ ("Betrieb & Gewerkschaft") und verbreitet zusätzlich zahlreiche andere Schriften und Broschüren. Der AG gehören zahlreiche ehemalige DKP-Kader an, die auf gewerkschaftliche Prozesse spezialisiert sind. So war Hans Vossen[99] bis 1989 als Abteilungsleiter der DKP verantwortlich für die Gewerkschaftsarbeit. Die AG versteht sich "als Beratungsgremium für den Parteivorstand", das "die Gewerkschaftspolitik der PDS durch theoretische Arbeit weiter fundiert, ihre Arbeit für alle InteressentInnen offen gestaltet, um den gewerkschaftlichen Dialog zu befördern, durch Erarbeiten von Informations- und Bildungsangeboten die Ge-

---

97 Koordinationskreis zur Bildung einer Linken Liste in Niedersachsen, Aufruf, 8. März 1993, UZ, 18. Februar 1994.

98 Heidi Knake-Werner ist Mitglied des Parteivorstands der PDS. Sie war 1986-1989 hauptamtlich beim DKP-Bezirksvorstand Bremen tätig und wurde zusätzlich 1987/88 in Moskau ausgebildet.

99 Vossen, der 1992 starb, ist durch Jakob Moneta ersetzt worden.

werkschaftsarbeit unterstützt [...] und dazu beiträgt, die konkrete Arbeit vor Ort weiterzuentwickeln."[100] Die PDS kann auf DKP-Kader zurückgreifen, die lange im gewerkschaftlichen Bereich tätig gewesen sind. Diese haben detaillierte Kenntnisse über Infiltrations- und Unterwanderungsmethoden und kennen den DGB sehr genau. Bei Bedarf kann auf eine Anzahl ehemaliger Ex-DKP-Mitglieder zurückgegriffen werden.

Dadurch hat die PDS in den alten Bundesländern die Chance, einige Gewerkschaftsfunktionäre für sich einzunehmen. Im Osten blieb ihr dies bislang weitgehend versagt, denn das Alter und die früheren Berufe der PDS-Mitglieder verhindern ihre Integration in die Gewerkschaften. Dies schließt punktuelle Erfolge, insbesondere in Krisenregionen nicht aus. Das bekannteste Beispiel ist das der "Kali-Kumpel" in Bischofferode: Anläßlich ihres Hungerstreiks gelang es Gregor Gysi, medienwirksam eine Kampagne zu inszenieren, in der er sich als Verteidiger der "Kali-Kumpel" darstellte.[101]

Die genaue Zahl der Gewerkschaftskader der PDS ist unbekannt. Die PDS will eine öffentliche Diskussion über ihre Aktionen auf diesem Gebiet auf alle Fälle vermeiden. Es heißt aber, die PDS verfüge gegenwärtig nur über 500 Betriebszellen oder Kleingruppen in den Betrieben, die mehr oder weniger gut organisiert und aktiv seien sowie über 200 Betriebsvertreter oder gewerkschaftliche Funktionsträger, die Mitglieder der PDS seien oder mit ihr sympathisierten. Im gewerkschaftlichen Umfeld ist die PDS gegenwärtig aufgrund ihrer Vergangenheit noch zu einer Statistenrolle verurteilt. Die Gefahr einer Einmischung in diesem Bereich bleibt aber vorhanden, wie die Beispiele von Hanns-Peter Hartmann (ehemaliger Belfa-Betriebsrat) oder Manfred Müller (Westberliner Landesvorsitzender der Gewerkschaft HBV) zeigen, die als Kandidaten auf den Offenen Listen der PDS für die Bundestagswahl zu finden sind.[102]

Der Antifaschismus ist eines der wichtigsten politischen Arbeitsgebiete der PDS. Bei der "Antifaschismus"-Kampagne der PDS können zwei Phasen unterschieden werden. Die erste endete im März 1993 mit dem Rücktritt der stellvertretenden PDS-Vorsitzenden Christine Ostrowski wegen des Kontakts zu rechtsradikalen Kreisen.[103] In den Jahren 1991 und 1992 war sich die Partei über die Bedeutung,

---

100 Material für die konstituierende Sitzung der AG Gewerkschaftspolitik bei der PDS am 1. Juni in Hannover, Manuskript.

101 Vgl. z.B. Special-Bischofferode, in: Betrieb & Gewerkschaft, 21. September 1993. Bischofferode ist überall!, in: PID, Nr. 29, 23 Juli 1993. Die PDS hatte über die AG Gewerkschaftspolitik vier regionale Solidaritätkomitees (Berlin, Hamburg, Ludwigshafen, Gera) organisiert.

102 ND, 22. Februar 1994.

103 Siehe den Werdegang von Christine Ostrowski in: Ostdeutsche Biografien, Lutherstadt 1993.

die dem "Antifa"-Kampf beigemessen werden sollte, unschlüssig. Für diese Zeit kann man eine Mischstrategie ausmachen, die sich aus "klassischen" (von der "Komintern" der 30er Jahre übernommenen Verhaltensweisen) und anderen subversiven Praktiken zusammensetzte.[104]

Die "AG Rechtsextremismus/Antifaschismus" der PDS wurde im Frühjahr 1991 gegründet. Ihre Aktionen werden durch den Arbeitskreis "Demokratisierung und Recht" der PDS-Gruppe im Bundestag (unter der Leitung von Ulla Jelpke) unterstützt. Der Arbeitskreis der parlamentarischen Gruppe organisierte gemeinsam mit der AG ein internationales Kolloquium über den Rechtsextremismus, das Anfang Oktober 1991 in Berlin stattfand.[105] 1992 weitete die AG ihre Aktivitäten aus. Im Oktober 1993 fand in Berlin unter dem Motto "Argumente gegen Rechts" ein großes Strategietreffen statt.[106] Es ging darum, in Anbetracht des "Superwahljahres" 1994 den Antifaschismus zugunsten der PDS zu instrumentalisieren. Lothar Byski behauptete auf dem Treffen: "Die eigentliche Gefahr für die Demokratie droht aus der Mitte der Gesellschaft. Der herrschenden Politik müssen wir Widerstand [...] leisten."

4.2.5 Die Strategie der offenen Listen im Wahlkampf 1994

Im Wahljahr 1994 wird die PDS wieder mit sogenannten "offenen Listen" antreten. Diese Entscheidung wurde auf der 2. Tagung des 3. Parteitages, die am 26. und 27. Juni 1993 in Berlin stattfand, gefällt. Sie betrifft die Wahlen auf allen politischen Ebenen (auch Kommunalwahlen). Auf diese Listen sollen bewußt Kandidaten aufgenommen werden, die sich nicht eindeutig zu einer politischen Partei bekennen. Es wird aber auch auf Mitglieder der DKP zurückgegriffen. Die klare Distanzierung gegenüber der DKP, die vom PDS-Vorstand gewünscht worden war, ist auf dem Berliner Wahlkongreß vom März 1994 aufgehoben worden. Bis dahin hatte sich die PDS-Führung davon überzeugt gezeigt, daß die Zeit für die Beschleunigung des Niedergangs der DKP reif sei. Der Parteivorstand der PDS wollte DKP-Mitglieder aus dem Westen (die gegen eine Zersplitterung des linken

---

104 "Es brennt wieder in Deutschland. Erklärung der PDS-AG Rechtsextremismus/Antifaschismus zum 60. Jahrestag des sich mit dem Reichstagsbrand verschärfenden Naziterrors", 1993, Manuskript, Jakob Moneta, Bonn und Weimar: Beruhigungspille oder Gefahrensignal, in: PID, Nr. 11, 19.März 1993, Berlinerinnen und Berliner gegen Rechtsextremismus und Faschismus, in PID, Nr. 5, 4. Februar 1994.

105 PDS-Linke Liste im Bundestag: In der Diskussion: Neofaschismus. Materialien. Januar 1992.

106 Argumente gegen Rechts, in: PID, Nr. 43, 29. Oktober 1993.

Wählerpotentials waren) in die PDS eingliedern.[107] Die überraschende - gegen den Willen der Parteiführung erfolgte - Nominierung des DKP-Mitglieds Leonhard Mayer auf Platz acht der Europawahlliste durch die Delegierten des Parteitags schuf eine neue Ausgangslage. Die PDS ist damit gewissermaßen ein Parteienbündnis eingegangen. So dürfte es nicht nur im Europawahlkampf zu einer Zusammenarbeit mit der DKP kommen. Zu vermuten ist, daß die Zusammenarbeit vor der Bundestagswahl fortgesetzt wird.

Die Gerechtigkeitskomitees haben damit zwar ihre wichtigste Funktion verloren, sie bleiben aber eines der Aktionswerkzeuge der PDS. Das Hauptziel der PDS bleibt - wegen der Unsicherheit im Hinblick auf die Überwindung der 5-Prozent-Hürde bei der Bundestagswahl 1994 - die Sicherung ihres Einflusses in den Ländern. Gleichzeitig will die PDS ihren Einfluss auf der kommunalen Ebene sichern. Sie hofft, einige ihrer Bürgermeisterkandidaten "durchbringen" zu können (die Rede ist von ca. 500).[108] Die Parteiführung geht im übrigen davon aus, daß ihr Überleben nicht von der Existenz einer Bundestagsfraktion abhängt, sondern von ihrer Stärke in den Ländern und Kommunen. Offensichtlich hält die PDS auch eine Zukunft als ostdeutsche Regionalpartei für möglich.

Die Aufstellung einer Kandidatenliste für die Europawahl war eine Art "Testballon" für die Bundestagswahlen. Die Zusammensetzung dieser Kandidatenliste ist sehr aufschlußreich. Auf ihr finden sich Mitglieder einer Reihe von Organisationen, die früher (bis 1989) von der DKP beeinflußt wurden (VVN, DFU, Institut für Marxistische Studien etc.) und mehrere zuverlässige PDS-Kader (Sylvia-Yvonne Kaufmann, Tanju Tügel etc.). Die Gerechtigkeitskomitees sind durch Prof. Dr. Heinrich Fink vertreten, den ehemaligen Rektor der Von Humboldt-Universität Berlin, der wegen seiner IM-Tätigkeit entlassen wurde. Neu ist die Aufnahme ausländischer Kandidaten (Spanien, Italien, Griechenland), die PDS-Mitglieder sind oder von orthodoxen kommunistischen Parteien stammen.[109] Der achte Listenplatz für ein DKP Mitglied sowie die Nominierung einer Vertreterin der italienischen "Rifondazione Comunista" bringen zum Ausdruck, daß sich die PDS offensichtlich gegenüber extremistischen Parteien öffnen will.

---

107 Die DKP hatte die Gefahr gespürt und der PDS angeboten, im Austausch mit einigen sicheren Plätzen auf den Offenen Listen auf ihre Kandidatur zur Europawahl 1994 zu verzichten.

108 ND, 28. Februar 1994.

109 Die Liste sieht wie folgt aus. 1. Hans Modrow, 2. Sylvia-Yvonne Kaufmann, 3. Susanne Schunter-Kleemann, 4. Heinrich Fink, 5. Guiseppina Paglaia, 6. Fritz Schumann, 7. Marion Arnold, 8. Leonhard Mayer, 9. Sonja Brentjes, 10. Bernd Rump, 11. Edda Seifert, 12. Julian Manon Sanchez, 13. Sylvia Anders, 14. Wolf Turski, 15. Hannelis Schulte, 16. Tanju Tügel, 17. Beate Thrams, 18. Georgios Koukoulas.

Bei der Bundestagswahl strebt die PDS drei Direktmandate an. Deshalb wurden die Wahlkreiskandidaten sehr sorgfältig ausgewählt: Die Zugpferde der PDS, Gregor Gysi, Lothar Byski, Sylvia-Yvonne Kaufmann und Hans Modrow sind für besonders erfolgversprechende Wahlkreise (z.B. Gysi in Marzahn) vorgesehen. Die parteilosen Kandidaten, von denen vor allem Stefan Heym eine wichtige Rolle in der PDS-Wahlkampfstrategie spielt, unterstützen bedingungslos die Anti-Vereinigungs-Strategie der PDS. Neben Stefan Heym sollen folgende Personen Direktmandate für die PDS erringen:

- Christa Luft, PDS-Mitglied, Ökonomie-Professorin, ehemalige stellvertretende Ministerpräsidentin der DDR und Ministerin in der Modrow-Regierung
- Günter Maleuda, parteilos, Volkskammerpräsident der DDR 1989/90, bis 1990 Vorsitzender der Demokratischen Bauernpartei Deutschlands
- Manfred Müller, parteilos, Landesvorsitzender der Gewerkschaft Handel, Banken und Versicherungen Berlin
- Petra Bläss, parteilos, Mitglied des Deutschen Bundestages, Mitglied des Unabhängigen Frauenverbandes
- Gerhard Jüttemann, parteilos, Betriebsratsvorsitzender der Kaligrube Bischofferode
- Ulla Jelpke, parteilos, Mitglied des Deutschen Bundestages
- Pastor Willibald Jacob, parteilos, Pfarrer der evangelisch-lutherischen Kirche in Berlin-Brandenburg
- Barbara Holl, parteilos, Mitglied des Deutschen Bundestages, Mitglied des Demokratischen Frauenbundes e.V.
- Pastor Dieter Kelp, parteilos.[110]

In Bayern kandidiert der Bismarck-Urenkel Graf Heinrich von Einsiedel, der früher Mitglied des "Nationalkomitees Freies Deutschland" war. Die PDS besetzt insgesamt etwa ein Viertel der Plätze auf ihren offenen Listen mit Parteilosen. Ohne diese "Vorzeigekandidaten" hätte die PDS sicher weniger Chancen, die benötigten drei Direktmandate zu erringen, die sie möglicherweise für den Einzug in den Bundestag braucht.

110 PID, Nr. 6, 11. Februar 1994. Dieter Kelp ist als "Pfarrer von Rheinhausen" bekannt geworden.

5. Die unbewältigte Vergangenheit

Die PDS ist in einem Widerspruch gefangen: Einerseits ist sie bemüht, die zunehmende DDR-Nostalgie für ihr Überleben als Partei zu instrumentalisieren, andererseits kommt sie aber nicht umhin, sich nach außen als erneuerte Partei zu präsentieren. Tatsächlich hat sich die PDS bis heute nicht um eine ernsthafte Aufarbeitung ihrer Geschichte bemüht. Die frühere PDS-Abgeordnete Jutta Braband, die ihr Mandat wegen ihrer eigenen Stasi-Vergangenheit im September 1991 niederlegte, hat sich zur ausgebliebenen Vergangenheitsbewältigung ihrer Partei wie folgt geäußert: "Der Wunsch nach bürgerlicher Reputierlichkeit im neuen politischen System hat fatalerweise zusammen mit dem [...] Bestreben, DDR-Identität gegen antikommunistische Ressentiments zu verteidigen, eine Mischung aus Opportunismus und Trotz erzeugt, mit der keine politische Aufarbeitung von DDR/SED/Stasi-Geschichte möglich ist."[111]

Die PDS kann kein Interesse daran haben, ihre Vergangenheit offenzulegen. Ihre Parteistrukturen, ihre Landtagsfraktionen und die Bundestagsgruppe sind von ehemaligen informellen und hauptamtlichen Mitarbeitern des MfS durchdrungen. Mehrere PDS-Bundestagsabgeordnete sind belastet. Jutta Braband legte ihr Mandat, wie erwähnt, nieder, der Abgeordnete Gerhard Riege beging am 15. Februar 1992 Selbstmord.[112] Der Abgeordnete Ilja Seifert gehört der PDS-Gruppe im Bundestag nach wie vor an. Die Veröffentlichung einer Tonbandaufnahme, die Hans Modrow stark belastet,[113] stellt den Erneuerungswillen, den er als ehemaliger SED-Bezirksparteichef von Dresden bekundete, erheblich in Frage.[114] Auch Gregor

---

111 Jutta Braband gehörte der Bürgerrechtsbewegung der DDR an. Bekannt wurde sie u.a. wegen ihres Eintretens für Wolf Biermann und Rudolph Bahro. 1979 wurde sie zu neun Monaten Haft verurteilt. Jutta Braband, "Riesiges Erschrecken, wie die Stasi sich meiner bedienen konnte", in: ND, 20. Februar 1992; dies., "Auch ich habe eine Vergangenheit", in: ak, 23. September 1991; "Stasi-Mitarbeit aus Überzeugung. Der Fall Jutta Braband" und das Ende einfacher Wahrheiten, in: ak, 23. September 1991; "Gregor Gysi, Zu Jutta Braband. Erklärung des Vorsitzenden der Abgeordnetengruppe der PDS/Linke Liste am 17. September 1991", in: PID, 20. September 1992.

112 Zum Tod unseres Genossen Gerhard Riege, in: PID, 21. Februar 1992.

113 Angeblich wollte er 1989 das Amt für Nationale Sicherheit gegen demokratische Reformkräfte der DDR einsetzen.

114 Der Spiegel, 9/1994.

Gysi wurde mehrfach von seinen früheren Mandanten beschuldigt, sie im Auftrag des MfS ausspioniert zu haben.[115] Gysi hat diese Behauptungen durch Gerichtsbeschluß verbieten lassen. Zweifel bleiben aber bestehen.[116]

Auf der zweiten Tagung ihres 2. Parteitages im Juni 1991 hat die PDS, unter dem Druck einer Delegierten-Minderheit, einen Beschluß zum Umgang mit der MfS-Problematik angenommen. Diese Resolution schien ein Vorstoß im Sinne einer offenen Auseinandersetzung mit der SED-Vergangenheit zu sein.[117] Ehemalige MfS-Angehörige oder inoffizielle MfS-Mitarbeiter in Partei- oder Parlamentsfunktionen wurden aufgefordert, ihre MfS-Tätigkeit gegenüber den Vorständen oder Parteigremien, in denen sie tätig sind, offenzulegen. Die betreffenden Parteiorgane sollten dann die Tätigkeit der betreffenden Person bewerten und ein Votum darüber abgeben, ob der Betreffende sein Amt behalten könne. Der Parteivorstand wurde verpflichtet, Bewertungskriterien zu erstellen.

In der Praxis erwies sich der Beschluß aber als bloße Makulatur. Dies zeigt das Beispiel des früheren Stasi-Mitarbeiters und ehemaligen stellvertretenden PDS-Vorsitzenden André Brie. Brie erklärte erst im Oktober 1992, d.h. ein Jahr nach dem erwähnten Parteitagsbeschluß, fast 20 Jahre lang für das MfS tätig gewesen zu sein.[118] Gregor Gysi bekannte, bereits im Sommer 1990 über die frühere IM-Tätigkeit von André Brie informiert worden zu sein. Gysi hatte dieses Wissen nicht nur für sich behalten, sondern Brie sogar noch bei seiner parteiinternen Karriere unterstützt. Brie wurde nicht nur zum Chefideologen der Partei, sondern auch eine der Schlüsselfiguren des Apparates. Gysi erklärte nach dem Skandal, er habe den MfS-Beschluß des Parteitages von Anfang an für falsch gehalten und ihm auch nicht zugestimmt.

Brie, der inzwischen Berliner Landesvorsitzender der PDS geworden war, hätte eigentlich sofort von seinen Funktionen entbunden werden müssen. Stattdessen bat ihn der Vorstand der Berliner PDS, im Amt zu bleiben. Zwar trat Brie wenig später

---

115 Telegraph. Dokument, Sonderausgabe, Mai 1992, vgl. auch: Gregor Gysi antwortet dem Telegraph, Mai 1992; vgl. auch Versuch einer Aufklärung, Teil 2, PDS/Linke Liste im Bundestag, Juni 1992, Claudia Gohde, u.a.: Der Stasi-Verdacht gegen Gregor Gysi. Versuch der Aufklärung, in: Gysi, Heuer, Schumann: Zweigeteilt. Über den Umgang mit der SED-Vergangenheit, Hamburg 1992, S. 200ff.

116 Zum Umgang mit der MfS-Problematik. Beschluß des 2. Parteitages, in: DISPUT WAS + WIE, 1. August 1991.

117 Erklärung zum Beschluß des 2. Parteitages der PDS: Zur konsequenten offenen und öffentlichen Auseinandersetzung der PDS mit der Problematik Staatssicherheit, in: PID, Nr. 50, 11. Dezember 1992. Vgl. auch die PDS-Tagung zu SED, MfS und Grundlagen der Repression: "Frage nach Schuld und Sühne ist die Frage nach uns selbst", in: ND, 21. Oktober 1991. Siehe auch die Reihe ZWIEGESPRÄCH, Beiträge zur Aufarbeitung der Staatssicherheits-Vergangenheit, PDS (Hrsg.), Aufarbeitung erfordert Dialog, Ein Lesematerial, Dezember 1989 bis Ende März 1992.

118 Der Spiegel, 9/1994.

von seinem Berliner Amt zurück, er tat dies aber erst auf öffentlichen Druck hin. Gleichwohl blieb er sehr einflußreich in der Partei. Er blieb Leiter der Grundsatzkommission der PDS, die den Entwurf für das neue Parteiprogramm erarbeitete. Heute ist er Leiter des Wahlbüros der PDS und damit noch mächtiger und einflußreicher als früher. Dieser Vorgang zeigt, daß die PDS-Spitze es sich leisten kann, gegen die Parteibeschlüsse zu verstoßen, ohne daß die Parteibasis oder die PDS-Schiedskommission etwas dagegen unternehmen. Dieser Umgang der PDS mit ihrer eigenen Geschichte, ist ein eindrucksvoller Beleg für ihre rückwärtsgewandte politische Grundhaltung, die - gemessen an dem im Parteiengesetz verankerten Grundsatz der innerparteilichen Demokratie - zumindest fragwürdig ist.[119]

Beliebt ist in der PDS auch der Versuch, die Schuld für die Krise in den neuen Ländern den Bonner Parteien in die Schuhe zu schieben. "Die mit der Anschlußpolitik erzeugte gesellschaftliche Atmosphäre veranlaßt Bürgerinnen und Bürger der ehemaligen DDR kaum dazu, offen und kritisch mit ihrer eigenen Geschichte umzugehen. Ihre Biografie wird 'von außen' bewertet. [...] Den Menschen in den neuen Bundesländern wird suggeriert, daß in einem Teil Deutschlands die unbescholtenen Demokraten und im anderen Teil die Missetäter und Schuldbeladenen konzentriert sind."[120]

Aus Sicht der PDS trägt nicht die SED die Hauptschuld am gegenwärtigen Unbehagen der ostdeutschen Bevölkerung, sondern der Kapitalismus, die Bundesregierung, die Medien und die Justiz.[121] Alle gemeinsam wollten der Bevölkerung eine Aufarbeitung der DDR-Vergangenheit aufzwingen, die eine doppelte Funktion habe: Die Schwierigkeiten, die im Zuge der Vereinigung entstanden seien, sollten durch eine einseitige Abqualifizierung der DDR als "Unrechtsstaat"[122] verschleiert werden. Die westdeutschen politischen Eliten praktizierten eine Art von Siegerjustiz und betrieben eine systematische "Delegitimierung" der DDR.[123] Der PDS-Rechtsexperte Detlef Joseph faßte die Haltung der PDS zu dieser Frage wie folgt

---

119 Über die Geschichte der PDS aus deren Sicht vgl.: Dietmar Keller, Hans Modrow, Herbert Wolf, Ansichten, Band 1 & 2, Eggersdorf 1994.

120 Gregor Gysi, Zur Tätigkeit des ehemaligen MfS, in: PID, Nr. 16, 19. April 1991.

121 Lothar Bisky, u.a. (Hrsg.), Rücksichten. Politische und juristische Aspekte der DDR-Geschichte, Hamburg 1993. Hans Modrow, Kalter Krieg auf deutschem Boden. Geschichte, Standpunkte, Dokumente, Berlin 1994.

122 Karl-Heinz Schöneburg, "Anmerkungen zu den 10 Thesen zum Umgang mit der Vergangenheit": "Unrechtsstaat" taugt höchstens als PR-Aufkleber, in: ND, 20. März 1992; Gottfried Stiehler, Tribunal in Leipzig und Enquête-Kommission in Bonn - Ernste Aufarbeitung oder nur Aburteilung der Geschichte der DDR? Wer den Sozialismus als Inkarnation des Bösen verteufelt, in: ND, 7./8. März 1992; Michael Schumann, Differenziert und nicht instrumentalisiert aufarbeiten, in: ND, 18. März 1992, Wolfgang Gehrcke, Alle DDR-Spezifik tilgen? Offener Brief, in: PID, 6. März 1992, André Brie, Geschichte ist unteilbar, in: ND, 24. Februar 1992.

123 Rolf Gössner, Die geschichtliche Aufarbeitung nicht dem Staat überlassen!, in: Gysi, Heuer, Schumann, a.a.O., S. 76.

zusammen: "Es sei unredlich, den Gesamtstaat DDR 'im Kern' als Unrechtsstaat zu verteufeln und durch sukzessive Kriminalisierung der Handlungen der Staatsbürger der DDR die Bedingungen für den generellen politischen Rachefeldzug zu schaffen."[124] Es handele sich hierbei um die "politisch motivierte Vor- und Nachverurteilung durch den aktuellen Sieger in der jahrzehntelangen Auseinandersetzung der sich feindlich gegenüberstehenden Systeme."[125] Im Klartext war die Zeit des Kalten Krieges für die PDS eine Zeit, in der sich alle Beteiligten, gleichgültig ob im Osten und im Westen, schuldig gemacht hätten. Damit könne es heute, nach der Überwindung des Kalten Krieges, nur Schuldige oder Unschuldige geben.[126]

Dies erklärt, warum Gregor Gysi den Prozeß gegen Erich Honecker als einen Akt politischer Justiz interpretiert hat. Auch im Fall Modrows vermutete die PDS einen politischen Racheakt. Die Immunität des PDS-Ehrenvorsitzenden wurde aufgehoben, weil er beschuldigt wurde, in seiner Funktion als früherer SED-Bezirkschef von Dresden die Ergebnisse der Kommunalwahlen in der DDR 1989 gefälscht zu haben.[127] In den Augen der PDS betreiben Politik und Justiz eine Kriminalisierung der Partei und massiven Rechtsbruch.[128] Mit dieser Einschätzung stellt die PDS die Unabhängigkeit und Überparteilichkeit der Justiz in Frage.[129] Die Aufarbeitung der DDR-Vergangenheit erfolge aus "den gleichen antikommunistischen Motiven", die auch die NS-Diktatur zur Legitimation ihrer Politik gebraucht habe. Es werde versucht, "psychologische 'Gegengewichte' zu schaffen, die die Einzigartigkeit der deutsch-faschistischen Verbrechen wie von selbst relativieren und ihre hemmenden Nachwirkungen für die Verwirklichung neuer deutscher Großmachtansprüche zumindest teilweise paralysieren. Dazu gehört die permanente Gleichsetzung von Faschismus und Kommunismus, die sich auch an einer entstellenden Darstellung der DDR-Geschichte bewähren muß."[130]

---

124 Detlef Joseph, Der "DDR-Unrechtsstaat" und die "Vergangenheitsbewältigung", in: Gysi, Heuer, Schumann, a.a.O., S. 100f.

125 Ebd., S. 103.

126 Detlef Joseph, Die DDR - Ein Abgrund an Justizunrecht? Auszüge aus einem Vortrag auf der Vollversammlung der AG Juristinnen beim Parteivorstand der PDS am 17. April 1993, in: PID, Nr. 20./21. Mai 1993.

127 Ursula Fischer, Ein neues Kapitel in der Kampagne gegen Hans Modrow, in: ND, 16. Juli 1992, ND, 20. März 1992; Ein politischer Prozeß beginnt. Erklärung der PDS/LL im Bundestag zum Prozeß gegen Dr. Hans Modrow, in: PID, Nr. 16, 23. April 1993; Aus Solidaritätsbekundungen mit Hans Modrow, in: PID, Nr. 17, 30. April 1993.

128 Uwe-Jens Heuer, Die Staats- und Rechtskonzeption der SED und die Machtorganisation der DDR, in: Gysi, Heuer, Schumann, a.a.O., S. 45. Parlamentarier sperrt man eigentlich nicht ein, in: PID, Nr. 30, 30. Juli 1993.

129 Gysi, Heuer, Schumann, a.a.O., S. 12.

130 Ebd., S. 13.

Eine andere Variante ist die Delegation von Verantwortung an das Individuum. Die Parteimitglieder werden von Gregor Gysi aufgerufen, sich "ehrlich, offen und individuell"[131] zu ihrer Biografie zu bekennen. Die PDS delegiert die "Aufarbeitung" der Vergangenheit gewissermaßen an den einzelnen, ihre Verantwortung als Partei bleibt dabei unangesprochen.

Trotz aller dialektischer Bemühungen konnte die PDS nicht verhindern, daß sie mit den Verbrechen des Stalinismus konfrontiert wurde. Aber auch diese Vergangenheit wurde zu einem Plädoyer für die PDS umgewandelt: Wenn der Stalinismus nur eine Perversion des Sozialismus gewesen sei, bedeute dies für die PDS, daß der Sozialismus, nachdem er erst einmal von dieser historischen Sünde befreit war, "viel geleistet und viel Gutes getan" habe.[132] Die Schuld am "Versagen" des sozialistischen Versuchs in der früheren DDR liege in der Parteiorganisation begründet, die sich zu sehr vom stalinistischem Modell habe inspirieren lassen. Jedoch sei die "Mehrheit der Menschen [...] ihren sozialistischen und humanistischen Idealen treu geblieben."[133] Da die Mehrheit der DDR-Bevölkerung an dieses sozialistische Ideal geglaubt habe, sei ihr nichts anderes übrig geblieben, als seinen wirtschaftlichen Verfall und seine Korruptionspraktiken zu ertragen. "Die gleichermaßen kritische, umfassende und differenzierte Auseinandersetzung mit der DDR, der SED [...] ist von entscheidender Bedeutung für die Verteidigung und Wiedergewinnung der sozialistischen Idee und Perspektive." In diesem Sinne sei die Geschichte der DDR "auch eine Geschichte des Kampfes für eine friedliche, sozial gerechte [...] Gesellschaft." Entsprechend hat die PDS damit begonnen, die Werkzeuge dieser Vergangenheit, die Unterdrückungsorgane, in die "neue Zeit" hinüberzuretten. So wird der Schluß gezogen, das MfS sei weniger schlimm als etwa Gestapo und SS, da es keinen "Völkermord" begangen habe.[134] Zwar habe sich das MfS undemokratisch verhalten, indem es die eigenen Bürger unterdrückt habe, in seiner Funktion als Spionage-Organisation habe es allerdings seine Berechtigung gehabt: Jeder Staat habe eine solche Einrichtung.[135]

---

131 Gregor Gysi, Zur Tätigkeit des ehemaligen MfS, a.a.O.

132 Michael Schumann, Wir brechen unwiderruflich mit dem Stalinismus als System! Referat zur Krise in der Gesellschaft und zu ihren Ursachen, zur Verantwortung der SED, in: Außerordentlicher Parteitag der SED/PDS, 8./9. und 16./17. Dezember 1989, Berlin 1990, S. 45.

133 Ebd., S. 44.

134 Gregor Gysi, Zur Tätigkeit des ehemaligen MfS, a.a.O.

135 Ebd.

6. Die parlamentarische Arbeit der PDS in Bund und Ländern und ihre verfassungsrechtlichen Konzeptionen

In seiner Parteitagsrede vom 13. März 1994 ging Gregor Gysi auf die Frage der parlamentarischen Tätigkeit der PDS ein: “Es ist [...] nicht verwunderlich, wenn kaum jemand außerhalb der Bonner Bannmeile weiß, daß die Bundestagsgruppe der PDS/LL - gemessen an ihren parlamentarischen Aktivitäten - die umtriebigste Vertretung ist. Unter der süffisanten Überschrift “Fragemeister PDS” vermeldete der Spiegel im ersten Heft dieses Jahres, ich zitiere: “Von allen im Bundestag vertretenen Polit-Gruppen fragt die SED-Nachfolgerin PDS die Regierung am häufigsten: 545 mal stellten die 16 Abgeordneten der Gysi-Truppe in dieser Legislaturperiode bisher eine Kleine Anfrage. Mit 297 Anfragen landet die 15 mal größere SPD-Fraktion auf dem zweiten Rang vor Bündnis ’90/Grüne. Die Parteien der Koalition wollten am wenigsten von der Regierung wissen. 9 Kleine Anfragen reichten CDU/CSU gemeinsam mit SPD und FDP ein, 8 mal fragten CDU/CSU mit der FDP, einmal die Koalitionsparteien mit SPD und Bündnis ’90/Grüne. Das größte Interesse der PDS galt dem Rechtsextremismus. Allmonatlich erfragt sie beispielsweise die Zahl der ausländerfeindlichen Straftaten in Deutschland. Weitere Fragen der Genossen behandelten die Treuhandpolitik, die soziale Situation in Ostdeutschland und den Einsatz der Bundeswehr.”[136] Gysi wies darauf hin, daß sich die PDS mit ihren Beschlußvorlagen nicht habe durchsetzen können, daß aber Themen oder Anregungen der PDS von anderen Fraktionen aufgegriffen und - unter einer anderen Überschrift - sogar übernommen worden seien.[137]

Ähnlich stellt sich die Lage in den Landesparlamenten in den neuen Ländern dar. In der Zeit von Oktober 1990 bis Februar 1994 brachte die PDS im Sächsischen Landtag einen Verfassungsentwurf, zwei Volksanträge, 18 Gesetzentwürfe, 21 Große Anfragen, 24 Aktuelle Stunden, 403 Anträge und 578 Kleine Anfragen ein.[138]

---

136 Gregor Gysi, Regierung gibt es genug. Opposition nicht. Referat auf dem Wahlparteitag der PDS am 13. März 1994. Siehe auch: Blickpunkt Parlament. Bilanz der PDS/LL zur Halbzeit der 12. Legislaturperiode des Bundestags, 1992.

137 Einige Beispiele der Publikationen der PDS, Linke Liste im Bundestag: Blickpunkt Kommunen, 1991; Blickpunkt Treuhand. Wer bereichert sich am ehemaligen Volksvermögen der DDR?, 1993; Gesetzespaket der PDS/Linke Liste zur Änderung des Wahlrechts, 1993; In der Diskussion: Verkehrspolitik, 1993; Blickpunkt Hochschulpolitik (Ost), 1993; In der Diskussion Innere Sicherheit, 1993; Materialen zum Thema Drogen, 1994.

138 Parlamentarische Initiativen der Fraktion Linke Liste, PDS im Sächsischen Landtag, Februar 1994; Parlamentarische Initiativen der Fraktionen, Referat Informationsdienst. Siehe auch: Halbzeit von Links. Eine Brandenburger Zwischenbilanz 1992.

In den Ländern lassen sich zwei Phasen des parlamentarischen Agierens der PDS unterscheiden. Die erste dauerte von 1990 bis 1991. In dieser Zeit widmete sich die PDS vor allem der Arbeit an den Verfassungen der neuen Länder und dem Thema Gebietsreform. Da es der PDS nur in den seltensten Fällen gelang, ihre eigenen Vorschläge durchzusetzen, begann sie in einer zweiten Phase (seit 1992), sich auf die parlamentarische Kontrollfunktion zu konzentrieren. In Parlamenten und Räten wurden eine Vielzahl von Großen Anfragen, Aktuellen Stunden und Anträgen eingebracht. In dieser zweiten Phase ließ die parlamentarische Strategie der PDS nicht selten linkspopulistische Züge erkennen: Für komplexe Probleme wurden einfache Lösungen angeboten. Dabei wurden nicht selten aktuelle Stimmungen, Vorurteile und Affekte in der Bevölkerung genutzt, um Menschen für bestimmte Anliegen zu gewinnen oder zu mobilisieren. Damit sollte ein (hauptsächlich in den neuen Ländern) vorhandenes allgemeines Unbehagen gegenüber der Politik für die eigenen Zwecke funktionalisiert werden.

Vor allem auf der Gemeindeebene tritt die PDS in den Parlamenten mit völlig überzogenen, weil unfinanzierbaren Forderungen auf. Die von der PDS vorgebrachten maximalistischen Anspruchskataloge umfassen Maßnahmen, wie die sofortige Schaffung von Arbeitsplätzen, die Instandsetzung von Wohnhäusern, das Einfrieren von Mieten, den Erhalt aller Kindergärten und Sportanlagen, die Eröffnung von Jugendzentren und sofortige Infrastrukturmaßnahmen. Da die Gemeinden angesichts ihrer schwierigen Finanzlage solche Projekte häufig nicht finanzieren können, kann sich die PDS problemlos als Verteidigerin der "kleinen Leute" ausgeben, deren Konzepte durch die "herrschende Klasse" durchkreuzt würden.[139]

Ein Beispiel für das von der PDS systematisch betriebene Verwechseln von Ursache und Wirkung war die Diskussion über die Ursachen des Geburtenrückgangs in der früheren DDR. Diesen bewertete die PDS als Beweis für die Zukunftsängste der Bevölkerung. Schuld daran sei der Kapitalismus. Die PDS verschwieg jedoch, daß die SED in der DDR selbst eine Politik der Geburtenförderung praktiziert und Abtreibungen sehr schwierig gemacht hatte. Die von der PDS häufig positiv hervorgehobenen Krippen und Kindergärten waren im Kern nichts weiter als ein verlängerter Arm der Partei, der dem Ziel dienen sollte, die Kinder so früh wie mög

139 Vgl. z.B., Elbe-Rödertalecho. Die Zeitung der kommunalen Durch- und Einblicke, November 1993. Kamenzer Blatt 1, Wahlprogramm des PDS-Kreisverbandes Kamenz für die Kommunalwahlen 1994, Oktober 1993. Stadtvorstand Dresden: Reader: Information zu Technik und Organisation der Wahlkämpfe 1994.

lich in staatlich kontrollierte Strukturen einzubinden. Zudem sollte verhindert werden, daß Frauen länger als nötig im Produktionsprozeß ausfielen. Der gegenwärtige Geburtenrückgang ist, auch wenn er zum Teil durch aktuelle Krisenmomente bedingt sein mag, vor allem das Ergebnis einer Angleichung der demographischen Strukturen in Ostdeutschland an die anderer hochindustrialisierter Länder und nicht - wie von der PDS behauptet - eine Abwehrreaktion der ostdeutschen Bevölkerung.

Die parlamentarische Strategie der PDS, die Sozialneid schüren und der Bevölkerung suggerieren soll, es gebe einfache Konzepte, um die komplexen Aufgaben des Wiederaufbaus in den neuen Ländern zu lösen, beschrieb Gregor Gysi kürzlich auf dem Wahlparteitag 1994 der PDS wie folgt: "Mir ist aber vor allem wichtig, daß bestimmte Themen in der öffentlichen Diskussion bleiben, daß wir wenigstens partiell den Eindruck vermitteln konnten, daß es sehr wohl Alternativen zu dem gibt, was Regierung und SPD sagen, entscheiden bzw. sehr oft nicht entscheiden. [...] Das passierte nicht des Nachweises wegen, wir wären unsere Diäten wert, sondern weil die Mißstände sich in diesem Land zu Bergen türmen. Diese aber müssen abgetragen werden. Auf parlamentarischem und auf außerparlamentarischem Wege. Und diese Verbindung gibt es entgegen anderslautenden Befürchtungen. Bischofferode ist hierfür das beste Beispiel."

Am 12. Januar 1994 hat die PDS einen Verfassungsentwurf eingereicht. Der rechtspolitische Sprecher der PDS, Uwe-Jens Heuer, entdeckte einen "grundlegenden Reformbedarf" auf dem Gebiet des Verfassungsrechts. Nach dem Ende des Kalten Krieges bedürfe es eines friedenspolitischen Verfassungskonzepts für die Bundesrepublik Deutschland, das gegen erneutes militärisches Großmachtstreben durchgesetzt werden müsse. Zum zweiten gehe es um "die Verankerung der Volksgesetzgebung, vielfältiger Teilhaberechte und neuer Freiheitsrechte" in einer gesamtdeutschen Verfassung, die "sowohl die seit jeher bestehenden als auch die in jüngster Zeit offenbar gewordenen Demokratiedefizite des Grundgesetzes überwindet". Drittens sei das "Sozialstaatsgebot durch konkrete soziale Grundrechte und Staatsziele zu fundieren." Viertens gelte es, "verfassungsrechtliche Lösungen für eine Kontrolle der Gesellschaft über das große Eigentum und damit für eine Demokratisierung der Wirtschaft zu finden." Dieser - noch weitere Forderungen umfassende - Katalog zeigt, wie negativ die PDS das Grundgesetz sieht. So ist die Anprangerung des deutschen "Militarismus" ein traditionelles Element der kommunistischen Dialektik. In anderen Bereichen, so z.B. bei den von der PDS ebenfalls aufgegriffen Themen Frauen und Ökologie, wird erkennbar, daß sich die PDS einen modernen Anstrich geben will. Im Grunde greift sie hier - in anbiedernder Weise - nur die Forderungen der Grünen aus den 80er Jahren auf.

Die PDS geht aber über diese verfassungspolitischen Forderungen noch weit hinaus, wie etwa das sogenannte "Ingolstädter Manifest" von Gregor Gysi beweist. Darin heißt es: "Die politischen Institutionen Deutschlands scheinen nur noch zur Verwaltung des Gegebenen und zur Veränderung zuungunsten der Schwächeren und auf Kosten von Zukunft geeignet zu sein. [...] Dazu aber gibt es Alternativen."[140] Gysi schlägt deshalb die sogenannte "Dritte Stimme" vor, die für "nichtstaatliche Organisationen" mit einzelnen Sachthemen wie Umweltschutz, Feminismus, Dritte-Welt-Probleme, Altersfürsorge, Drogenschutz" abgegeben werden soll. Je mehr Wählerstimmen solche Organisationen auf sich vereinigen könnten, desto mehr Geld müßte ihnen aus dem Bundeshaushalt bzw. den Länderhaushalten zur Verfügung gestellt werden. Zunächst will Gysi fünf Prozent der öffentlichen Haushalte durch die sogenannte "Dritte Stimme" an die genannten Projekte und Initiativen verteilen lassen.

Die zweite Grundsäule der von der PDS vorgeschlagenen Verfassungsreform ist die Einführung einer neuen zweiten Kammer: Neben dem Bundestag soll es nach Gysis Vorstellung "eine Bundeskammer der sozialen Bewegungen geben, in die hinein Interessenverbände gewählt werden: Gewerkschaften und Unternehmer, Umwelt- und Mieterverbände, Initiativen von Menschen mit Behinderungen, Interessenvertreter ausländischer Bürgerinnen und Bürger, Organisationen der Arbeitslosen und Frauenbewegungen, Verbände der Schwulen, Amnesty International, die Volkssolidarität oder Greenpeace." Diese Kammer soll das Recht auf die "Vorbereitung und das Einbringen eigener Gesetze, auf die Diskussion von Gesetzen des Bundestages und deren zeitweilige Zurückweisung bei Entscheidungen haben, die tief in das Leben von Betroffenen eingreifen. Einige Teile der Haushaltsentscheidungen müßten an diese Kammer abgegeben werden. [...] Wir brauchen die direkte politische Mitbestimmung durch die sozialen Kräfte dieser Gesellschaft und vor allem durch jene, die sich sonst nicht Gehör verschaffen können."

Bis zur Angleichung der Lebensverhältnisse in Ost und West sollen die Ostdeutschen nach Auffassung der PDS eine eigene Kammer wählen können. Mit diesem Vorschlag zur Verfassungsreform will die PDS gleichsam ihre schwache Repräsentanz im Westen "wettmachen". Auch separatistisches Gedankengut wird hier sichtbar. Mit ihren verfassungspolitischen Forderungen steht die PDS eindeutig außerhalb des vom Grundgesetz vorgegebenen Rahmens.[141]

---

140 Gregor Gysi, Ingolstadter Manifest. Wir - mitten in Europa. Plädoyer für einen neuen Gesellschaftsvertrag, Februar 1994.

141 Zur Frage der Verfassungsmäßigkeit der PDS, siehe PDS/Linke Liste im Bundestag, Anfragen und Aussagen zur Verfassungsmäßigkeit Partei des Demokratischen Sozialismus, 1994.

7. Auf dem Weg zu einem neuen kommunistischen Internationalismus? Die internationalen Beziehungen der PDS

Auf der internationalen Bühne spielt die PDS eine immer wichtigere Rolle, da sie aktiv den Aufbau eines Kommunikationsnetzes betreibt, das alle kommunistischen Parteien Europas sowie die postkommunistischen Parteien in Osteuropa umfaßt. Dieses Netz basiert auf einer intensiven Kontaktpflege (regelmäßiger Austausch von Delegationen anläßlich von Parteitagen und Strategie- bzw. Ideologiekongressen, regelmäßige Treffen auf der Ebene der Parteiführungen, Teilnahme an kommunistischen Pressefesten, Veröffentlichung gemeinsamer Theorietexte, gemeinsame Aktionen in mehreren Ländern etc.).

Die PDS hat aus den meisten ihrer internationalen Verbindungen nie ein Geheimnis gemacht. Diese für die Partei unübliche Offenheit hat zwei Ursachen: Zum einen braucht die PDS-Basis die Gewißheit, daß ihre Partei auf internationaler Ebene voll anerkannt ist und daß es ihr gelungen ist, die in Deutschland herrschende Isolierung zu durchbrechen. Die Offenlegung ihrer internationalen Aktivitäten hat aber noch einen zweiten, taktischen Grund: Die PDS hat so viele Kontakte zu kommunistischen Parteien in aller Welt, daß sie diese unmöglich geheimhalten kann, ohne sich dem Vorwurf auszusetzen, politische Freunde habe sie nur im kommunistischen Lager.

Gleichwohl ist die Offenheit der PDS begrenzt. Dies zeigt z.B. die Analyse der Gästeliste der ersten Tagung des 3. Parteitages der PDS im Januar 1993: "Am 3. Parteitag der PDS nahmen", so heißt es im PDS-Pressedienst, "63 ausländische Gäste von 37 Parteien und Organisationen aus Europa, Asien, Afrika und Lateinamerika teil. Darunter sind 25 Parteien, die sich selbst als kommunistische verstehen, 10 linkssozialistische und 2 Befreiungsbewegungen. Diese Teilnahme von beträchtlicher politischer und geographischer Breite ist realistischer Ausdruck des gegenwärtigen Standes der internationalen Kontakte der PDS. Sie widerspiegelt die Orientierung der PDS auf Kontakte mit breiten Linkskräften unterschiedlicher Prägung."[142] Während die PDS vor allem die Teilnahme vieler linkssozialistischer Parteien hervorhob, handelte es sich aber zu 80 Prozent um solche, die nach dem Muster der PDS "reformiert" wurden (z.B. ehemalige KP Rumäniens, Rußlands, Ungarns) oder um Bündnisse, in denen Kommunisten eine Schlüsselrolle spielen. Auch die Auswertung der Berichte über die Treffen der PDS mit anderen politischen Organisationen aus aller Welt zeigt, daß die PDS nur mit solchen Parteien

---

142 Zur internationalen Beteiligung am 3. Parteitag der PDS, in: PID, Nr. 7, 19. Februar 1993.

Kontakte pflegt, die eine kommunistische Weltanschauung haben. Die Palette der Überzeugungen reicht von der alten Orthodoxie bis hin zu modernisierten, antikapitalistisch-ökologisch inspirierten Strömungen. Mit Ausnahme der englischen Labour Party weigern sich beinahe alle Mitglieder der Sozialistischen Internationale, mit der PDS Kontakte zu unterhalten.

Ein Beispiel für die intensiven Verbindungen zwischen der PDS und dem Rest des kommunistischen Lagers stellen die Aktivitäten der am 23. Juli 1991 gegründeten AG "Cuba Sí" dar. "Solidarität mit Kuba ist die Aufgabe aller Menschen, die die Hoffnung auf eine gerechte Gesellschaft und ein menschenwürdiges Leben noch nicht aufgegeben haben. Kuba steht als Beispiel gegen die wachsende Verelendung von Dreivierteln der Menschheit in der kapitalistischen alten Neuen Weltordnung. Auch die Regierung der BRD ist durch die Annexion der DDR und durch die Weigerung, die Handelsverträge zwischen Kuba und der DDR weiter zu erfüllen, in ganz beträchtlichem Umfang verantwortlich dafür, daß viele Fabriken und landwirtschaftliche Anlagen in Kuba nicht mehr oder nur eingeschränkt produzieren können. Sie ist damit getreuer Erfüllungsgehilfe der imperialistischen Blockadepolitik."[143]

Dieser Text, der gemäß der kommunistischen Dialektik "gute Sozialisten" und "böse Imperialisten" gegenüberstellt, ist ein Beleg für die internationalistisch ausgerichtete Grundeinstellung der PDS.

Zusammenfassend kann festgestellt werden, daß die internationale kommunistische Bewegung, die nach dem Zerfall der KPdSU von vielen Beobachtern bereits totgesagt wurde, fortbesteht und sich neu organisiert. In diesem internationalen Zusammenhang ist die PDS als eine der treibenden Kräfte anzusehen.

143 Grundlage der Tätigkeit der AG sind der Leitantrag an die 2. Tagung des 2. Parteitages der PDS: Zur internationalen Tätigkeit der PDS sowie der Beschluß der Parteivorstandes: "Milch für Kubas Kinder" von 30.6. 1991. Vgl: Zur Arbeit von Cuba Sí, in: PID, Nr. 30, 30. Juli 1993, Modrow zu Beziehungen BRD-Kuba, in: PID, Nr. 42, 22. Oktober 1993.

8. Sympathisantenpotentiale und Wählerhochburgen

8.1 Bedeutung der Kommunal- und Länderwahlen für die PDS

Bei Bundestagswahlen verschenken die Bürger nur ungern ihre Stimme. Die Bereitschaft, eine Partei zu wählen, deren Einzug in den Bundestag als nicht gesichert gilt, ist daher gering. Vor diesem Hintergrund ist die PDS bemüht, Kommunal- und Landtagswahlen gewissermaßen als Testwahlen zu stilisieren. Erfolge bei Wahlen in den Ländern und Kommunen sollen helfen, ein Siegerimage aufzubauen. Nach dem Motto "Wahlen entscheiden Wahlen" wird die PDS im Wahljahr 1994 - mit Blick auf die Bundestagswahl - zu verdeutlichen versuchen, daß sie nicht auf der Verliererseite steht. Jedes positiv zu interpretierende Wahlergebnis soll den Eindruck vermeintlicher Stärke untermauern.

Die Kommunalwahl in Brandenburg vom Dezember 1993 verdeutlicht, wie dieses Muster funktioniert. Die PDS hatte - in Absolutzahlen - nur geringfügig mehr Stimmen als 1990. Aufgrund der niedrigen Wahlbeteiligung und den zurückgehenden Stimmenanteilen für SPD und CDU, wirkte das prozentuale Ergebnis der PDS wie ein klarer Sieg. Die Prozentzahlen gaben also einen verzerrten Eindruck. Denn ohne daß die PDS einen tatsächlichen Mobilisierungserfolg erzielte, konnte sie sich als Wahlsieger ausgeben.

8.2 Regionale Schwerpunkte der PDS im Bundestagswahlkampf 1994

Die wahlstrategischen Überlegungen der PDS-Führung basieren auf der Annahme, daß drei Direktmandate in den Hochburgen leichter zu erreichen sein werden als die bundesweite Überwindung der 5-Prozent-Hürde. Um möglichst viele Erststimmen zu erhalten, werden auf sogenannten offenen Listen prominente, vermeintlich attraktive, häufig auch parteilose Kandidaten präsentiert. Diese sollen über die eigene Klientel hinaus Wähler ansprechen und die Akzeptanz der PDS steigern helfen.

Der Wahlkampf wird sich besonders stark auf den Ostteil Berlins konzentrieren, da dort die Hochburgen der PDS liegen. Die folgend genannten Wahlkreise werden beim Kampf um Erststimmen im Vordergrund stehen:

Tabelle 6: PDS-Hochburgen, bislang in den Direktwahlkampf einbezogen

Wahlkreis		BTW 1990	
		Erststimmen	Erststimmen in %
257	Berlin Mitte, Prenzlauer Berg Weißensee I	38.079	26,8
258	Berlin Pankow- Hohenschönhausen Weißensee II	36.405	26,3
259	Berlin-Friedrichshain-Treptow Lichtenberg I	41.390	28,5
260	Berlin-Köpenick-Lichtenberg II	39.000	26,3
261	Berlin-Hellersdorf-Marzahn	43.912	31,7
263	Schwerin-Hagenow	19.348	15,8
265	Rostock	27.049	21,2
267	Stralsund-Rügen-Grimmen	15.735	14,8
269	Neubrandenburg-Altentreptow-Waren-Röbel	22.501	21,2
274	Eberswalde-Bernau-Bad Freienwalde	12.430	12,6
276	Potsdam	23.255	16,9
277	Fürstenwalde-Strausberg-Seelow	18.471	14,7
279	Frankfurt/Oder-Eisenhüttenstadt-Beeskow	15.345	15,3
280	Cottbus-Guben-Forst	20.669	16,2
286	Magdeburg	18.454	15,6
291	Halle-Altstadt	14.536	12,5
292	Halle-Neustadt-Saalkreis-Köthen	14.227	11,3
309	Leipzig I	17.144	11,9
310	Leipzig II	17.625	12,3
318	Dresden I	17.750	13,2
319	Dresden II	20.874	14,3

Tabelle 7: Weitere Wahlkreise, in denen das PDS-Ergebnis 1990 über dem Landesdurchschnitt lag

Wahlkreis	BTW 1990 Erststimmen	BTW 1990 Erststimmen in %
283 Altmark	13.333	10,1
300 Erfurt	14.539	13,0
302 Jena-Rudolstadt-Stadtroda	13.600	10,0
303 Gera Stadt-Eisenberg-Gera Land	15.139	13,6
307 Suhl-Schmalkalden-Ilmenau-Neuhaus	16.004	10,4
313 Meißen-Riesa-Großenhain	12.723	9,4
314 Hoyerswerda-Kamenz-Weißwasser	13.832	11,9
315 Görlitz-Zittau-Niesky	12.108	10,0
323 Chemnitz I	14.029	12,9
324 Chemnitz II-Chemnitz Land	13.346	11,1

8.3 Das Wählerpotential der PDS

Der PDS ist es seit der Bundestagswahl 1990 nicht gelungen, im Westen einen Wählerstamm aufzubauen. Allerdings hat sie unter den Unentschlossenen und Nichtwählern in Westdeutschland einige Sympathisanten. Ihre Wählerschaft konzentriert sich aber nach wie vor auf die neuen Länder. Umfragen zufolge,[144] konnte die PDS dort seit 1991 einen leichten Zuwachs verzeichnen. 1991[145] gaben 9 Prozent der Befragten eine Präferenz für die PDS an. Diesen Anteil konnte die PDS in Ostdeutschland seitdem stetig ausbauen. In einer Umfrage des Bereichs Forschung und Beratung der Konrad-Adenauer-Stiftung erklärten Ende 1993,[146] bezogen auf

144 Sofern nicht anders vermerkt. beziehen sich die Daten nur auf Ostdeutschland.

145 Konrad-Adenauer-Stiftung, Bereich Forschung und Beratung, Archiv-Nr. 9105.

146 Konrad-Adenauer-Stiftung, Bereich Forschung und Beratung, Archiv-Nr. 9305.

Gesamtdeutschland, 3 Prozent der Befragten, daß sie die PDS wählen würden, wenn am nächsten Sonntag Bundestagswahl wäre. Während die PDS im Westen danach nur knapp 1 Prozent der Stimmen erhielte, käme sie im Osten auf 14 Prozent. Fünf von sechs Wählern der PDS kommen also aus Ostdeutschland. Das maximal erreichbare Potential der PDS liegt in den neuen Ländern derzeit bei ca. 21 Prozent.

Da die PDS ihre Anhängerschaft fast ausschließlich aus den neuen Ländern rekrutiert, werden in der folgenden Analyse die Besonderheiten dieser Gruppe - sofern nichts anderes gesagt wird - in Relation zur Gesamtbevölkerung Ostdeutschlands betrachtet.

Die Klientel der PDS in den neuen Ländern hat eine intensive Bindung an die Partei. Eine starke und grundsätzliche Parteibindung ist bei 62 Prozent der PDS-Anhänger vorhanden. Damit hat die PDS im Osten das größte Stammwählerpotential aller Parteien.

Tabelle 8: Von den Anhängern der jeweiligen Partei haben eine starke und grundsätzliche Parteineigung
(in Prozent)

CDU	36
SPD	24
FDP	28
B90/Grüne	43
PDS	62

Quelle: Konrad-Adenauer Stiftung, Bereich Forschung und Beratung, Archiv-Nr.: 9305; nur Ostdeutschland.

Dementsprechend ist auch die Wiederwahlbereitschaft der PDS-Anhänger groß. 78 Prozent derjenigen, die bei der letzten Bundestagswahl die PDS gewählt haben, würden sie auch jetzt wieder wählen. Dies ist bislang der höchste Wert für eine Partei in den neuen Ländern. Bei den anderen Parteien - mit Ausnahme des Bündnis 90/Die Grünen - liegt die Wiederwahlbereitschaft deutlich unterhalb dieser Marge.

Tabelle 9: Habe Partei bei der letzten Bundestagswahl gewählt und würde sie auch jetzt wieder wählen
(in Prozent)

CDU	56
SPD	67
FDP	55
B90/Grüne	75
PDS	78

Quelle: Konrad-Adenauer-Stiftung, Bereich Forschung und Beratung, Archiv-Nr.: 9305; nur Ostdeutschland.

Dieses Ergebnis wird durch zwei weitere Befunde untermauert. Der Anteil derjenigen, die angeben, ihrer Partei auch in Zukunft treu bleiben zu wollen, ist unter den PDS-Anhängern mit 53 Prozent am höchsten (Gesamtbevölkerung in Ostdeutschland: 35 %). Auch die Zufriedenheit mit der eigenen Partei ist bei den PDS-Anhängern am höchsten. 68 Prozent derjenigen, die die PDS bei der letzten Bundestagswahl wählten, sind mit der Partei zufrieden.

Tabelle 10: Mit der Partei, die bei letzter Bundestagswahl gewählt wurde, sind zufrieden
(in Prozent)

CDU	37
SPD	43
FDP	42
B90/Grüne	48
PDS	68

Quelle: Konrad-Adenauer-Stiftung, Bereich Forschung und Beratung, Archiv-Nr.: 9303; da Ende 1993 diese Frage nicht erhoben wurde, werden hier Daten vom Sommer 1993 (Archiv-Nr.: 9303) zugrundegelegt.

Da die Wahlbereitschaft der PDS-Anhänger stark über dem Bevölkerungsdurchschnitt liegt, dürften die Wähler der PDS auch bei der nächsten Bundestagswahl hochgradig mobilisierbar sein. Dies hat sich bereits bei der Kommunalwahl in Brandenburg vom Dezember 1993 gezeigt.

Insgesamt verfügt die PDS über eine relativ geschlossene Anhängerschaft, die wenig Wechselbereitschaft zeigt und sich ihrer Entscheidung sehr sicher ist. Verglichen mit der Gesamtbevölkerung im Osten weist die PDS-Klientel einen hohen Grad an Identifikation mit "ihrer" Partei auf. An andere Parteien wird die PDS somit wahrscheinlich wenige Stimmen abgeben.

Andererseits scheint die PDS aber auch nur bedingt in der Lage zu sein, Stimmen von anderen Parteien zu gewinnen, da sie - außer bei wenigen Anhängern der SPD und des Bündnis 90/Die Grünen - auf keine deutlichen Sympathien stößt. Dementsprechend befinden sich unter den PDS-Anhängern nur wenige Wähler anderer Parteien.

Sozialstrukturell weisen die PDS-Wähler einige Besonderheiten auf. In der Anhängerschaft der PDS sind Frauen leicht unter- und Männer leicht überrepräsentiert. Die jüngeren und mittleren Altersgruppen sind seltener vertreten. Die Konfessionslosigkeit ist besonders stark ausgeprägt. Fast vier von fünf Anhängern (78 %) haben keine Kirchenbindung. Dagegen weisen die PDS-Wähler eine deutlich stärkere Gewerkschaftsbindung auf.

Am deutlichsten zeigen sich die Unterschiede in der Bildungs- und Berufsstruktur. Die PDS-Anhänger sind im Vergleich zur Bevölkerung in den neuen Ländern deutlich höher gebildet. Zwei von drei PDS-Wählern haben die mittlere Reife oder einen höheren Schulabschluß. Im Bevölkerungsdurchschnitt sind dies in Ostdeutschland lediglich 49 Prozent. Besonders hoch ist der Anteil der Hochschulabsolventen. 28 Prozent der PDS-Wähler verfügen über einen Hochschulabschluß (Bevölkerung in Ostdeutschland: 15 %). Die sogenannte alte "Intelligenz" bekennt sich anscheinend noch immer in hohem Maße zur Nachfolgepartei der SED.

Das höhere Bildungsniveau spiegelt sich auch in den Berufsgruppen wider. Angestellte und Beamte in höheren Positionen sind deutlich überrepräsentiert, während Arbeiter stark unterdurchschnittlich vertreten sind.

Für PDS-Wähler war die deutsche Vereinigung häufiger mit beruflichem Abstieg und Erwerbslosigkeit verbunden. Dies machen Veränderungen in der Erwerbstätigkeit deutlich. Weniger als die Hälfte befindet sich noch im Erwerbsleben. Die nicht mehr berufstätigen PDS-Wähler waren besonders häufig im öffentlichen Dienst beschäftigt und hatten öfter Leitungspositionen inne. Daher sind sie von den strukturellen Veränderungen infolge der deutschen Vereinigung häufiger betroffen worden. Insgesamt zählen die PDS-Wähler eher zu den "Vereinigungsverlierern".

Tabelle 11: Sozialstruktur der PDS-Wähler		
	PDS-Wähler %	Bevölkerung Ost insg. %
Mann	54	47
Frau	46	53
Konfession		
evangelisch	13	29
katholisch	1	6
konfessionslos	85	62
Kirchenbindung		
stark	2	9
schwach	19	34
keine	78	53
Gewerkschaftsbindung		
stark	19	9
schwach	49	37
keine	30	51
Bildung		
kein Abschluß	1	3
Volksschule (POS)	30	47
mittlere Reife (POS 10. Klasse)	19	22
Fachhochschule	12	7
Abitur (EOS)	7	5
Hochschule	28	15
Berufsgruppe		
Arbeiter	26	36
Meister	5	5
Angestellte/Beamte		
einfach	13	15
mittel	25	19
gehoben/höher	25	14
Selbständig	4	6

Quelle: Konrad-Adenauer-Stiftung, Bereich Forschung und Beratung, Archiv-Nr.: 9305.

Die Anhängerschaft der PDS wird in noch stärkerem Ausmaß von Sorgen und Ängsten um die wirtschaftliche Entwicklung beherrscht als die Bevölkerung in den neuen Ländern insgesamt. 70 Prozent der PDS-Wähler sehen der Zukunft mit Befürchtungen entgegen. Nicht nur die gesamtwirtschaftliche Situation in der Bundesrepublik und die eigene finanzielle Lage werden negativ eingeschätzt. Auch die Erwartungen an die künftige wirtschaftliche Entwicklung der Bundesrepublik und die persönliche finanzielle Lage sind von deutlichem Pessimismus geprägt.

Tabelle 12: Wirtschaftliche Einstellungen

	PDS-Wähler %	Bevölkerung Ost insg. %
Zukunftszuversicht *		
es sehen der Zukunft		
mit Zuversicht entgegen	20	37
mit Befürchtungen entgegen	70	48
Beurteilung wirtschaftliche		
Lage heute		
sehr gut/gut	6	13
teils/teils	39	51
eher schlecht/schlecht	55	36
Beurteilung wirtschaftliche		
Lage in einem Jahr		
besser	8	27
gleichbleibend	51	49
schlechter	41	23
Beurteilung finanzielle *		
Lage heute		
sehr gut/gut	35	51
teils/teils	41	35
eher schlecht/schlecht	25	14
Beurteilung finanzielle *		
Lage in einem Jahr		
mehr leisten	6	16
weniger leisten	44	26
unverändert	50	58
in einem Jahr wird es mehr *		
Arbeitslose geben	82	66

Quelle: Konrad-Adenauer-Stiftung, Bereich Forschung und Beratung, Archiv-Nr.: 9305; *=9303: da Ende 1993 diese Frage nicht erhoben wurde, werden hier Daten vom Sommer 1993 zugrundegelegt.

Diese pessimistische Haltung spiegelt sich auch in der Einschätzung der gesellschaftlichen Ordnung wider. Mehr als die Hälfte der PDS-Wähler (58%) glaubt, daß die Gesellschaftsordnung ungerecht sei (Bevölkerung Ost: 40 %). Das Gefühl auf der gesellschaftlichen Verliererseite zu stehen, ist bei den PDS-Wählern weit verbreitet. 39 Prozent sagen, sie gehörten einer benachteiligten Bevölkerungsgruppe an.

Tabelle 13: Gesellschaftsbild

	PDS-Wähler %	Bevölkerung Ost insg. %
...in der Gesellschaftsordnung geht es		
eher gerecht zu	3	10
eher ungerecht zu	58	40
teils/teils	35	45
Ich gehöre einer Bevölkerungsgruppe an, die		
eher benachteiligt ist	39	30
eher bevorzugt ist	6	5
weder/noch	54	64

Quelle: Konrad-Adenauer-Stiftung, Bereich Forschung und Beratung, Archiv-Nr.: 9305.

Betrachtet man jedoch das Einkommen der PDS-Wähler, so scheint dieses eher keinen Anlaß zur Sorge zu geben. Die Anhängerschaft der PDS liegt sogar leicht über dem Einkommensdurchschnitt der neuen Länder. Die stärker ausgeprägte wirtschaftliche Unzufriedenheit der PDS-Wähler läßt sich deshalb eher mit dem Verlust von Privilegien und Status erklären. Im Vergleich zu ihrer früheren Situation fühlen sie sich benachteiligt, obwohl ihre derzeitige wirtschaftliche Lage nicht schlechter ist als die der Gesamtbevölkerung.

Tabelle 14: Einkommen

	PDS-Wähler %	Bevölkerung Ost insg. %
Nettoeinkommen		
bis 2.000 DM	23	28
bis 3.000 DM	37	35
über 3.000 DM	40	37

Quelle: Konrad-Adenauer-Stiftung, Bereich Forschung und Beratung, Archiv-Nr.: 9305.

Das Verhältnis der PDS-Wähler zur Demokratie ist von Distanz geprägt. Zwei von drei PDS-Anhängern, aber nur 38 Prozent der Bevölkerung Ostdeutschlands, sind mit der Demokratie der Bundesrepublik nicht zufrieden. Darüber hinaus steht man der Bundesregierung kritisch gegenüber: Vier von fünf PDS-Wählern sind mit ihr unzufrieden. Es herrscht die fast einhellige Ansicht, daß die Politik ständig versage. Lediglich mit der Opposition im Bundestag sind die Anhänger der PDS einigermaßen zufrieden.

Tabelle 15: Systemzufriedenheit

	PDS-Wähler %	Bevölkerung Ost insg. %
Demokratiezufriedenheit		
sehr zufrieden	1	4
einigermaßen zufrieden	31	55
nicht zufrieden	66	38
Zufriedenheit Bundesregierung *		
sehr zufrieden	1	2
einigermaßen zufrieden	18	44
nicht zufrieden	81	51
Zufriedenheit Opposition *		
sehr zufrieden	1	2
einigermaßen zufrieden	48	41
nicht zufrieden	50	46
Das Gefühl, die Politik versagt *		
dauernd/oft	90	68
manchmal	9	29
selten/nie	1	3

Quelle: Konrad-Adenauer-Stiftung, Bereich Forschung und Beratung, Archiv-Nr.: 9305; *=9303 da Ende 1993 diese Frage nicht erhoben wurde, werden hier Daten vom Sommer 1993 zugrundegelegt.

Bei der Einschätzung ihrer eigenen Einflußmöglichkeiten auf die Politik unterscheiden sich die PDS-Anhänger nicht von der ostdeutschen Bevölkerung. 70 Prozent PDS-Wähler und 69 Prozent der Bürger in den neuen Ländern stimmen der Aussage zu "Leute wie ich haben sowieso keinen Einfluß darauf, was die Regierung tut". Aber auch bei der Einschätzung der eigenen Fähigkeit, Politik zu verstehen sowie bei der Beurteilung von Politikern und Parteien, besteht zwischen PDS-

Wählern und der Bevölkerung im Osten größtenteils Übereinstimmung. Parteien und Politiker werden in beiden Gruppen kritisch gesehen. So sagen je 62 Prozent "Die Politiker sind doch alle gleich, sie wirtschaften doch nur in ihre eigene Tasche".

Drei politische Themen schätzen die PDS-Wähler anders ein als die Bevölkerung in den neuen Ländern: Sie halten die Bekämpfung des Rechtsextremismus, die Sicherung des Friedens in der Welt und die Gewährleistung der sozialen Sicherheit für wichtiger.

Tabelle 16: Politische Themen

	PDS-Wähler %	Bevölkerung Ost insg. %
Die Arbeitsplätze sichern	95	90
Den Frieden in der Welt sichern	94	86
Soziale Sicherheit gewährleisten	92	85
Den Rechtsextremismus bekämpfen	90	79
Die Renten sichern	90	84

Quelle: Konrad-Adenauer-Stiftung, Bereich Forschung und Beratung, Archiv-Nr.: 9305; nur Ostdeutschland.

Die PDS versucht nicht nur aus Angst und Verdrossenheit Kapital zu schlagen. Sie appelliert auch bewußt an eine diffuse DDR-Nostalgie, indem sie die vermeintlich guten Seiten der DDR verklärt. Daß sich diese Nostalgie keineswegs nur auf den Kauf von ehemaligen DDR-Produkten beschränkt, verdeutlicht ein Blick auf die ideologischen Standpunkte. In den neuen Ländern sind sozialistische Ideen keinesfalls diskreditiert. 56 Prozent der Ostdeutschen stimmen der Aussage "In hundert Jahren werden die Leute sagen, daß der Sozialismus auch seine guten Seiten hatte" deutlich zu. In dem für die PDS maximal erreichbaren Potential - also denjenigen Sympathisanten, die die PDS evtl. wählen würden - findet diese Aussage sogar eine sehr starke Zustimmung (72 %). Relativ unerschüttert vom Zusammenbruch des "real existierenden Sozialismus" zeigen sich ein Drittel der Ostdeutschen und über die Hälfte des Sympathisantenpotentials der PDS. Diese gehen nämlich davon aus, daß der Sozialismus prinzipiell sinnvoll und machbar sei. Auch die Vermutung, der Sozialismus in der DDR sei nur gescheitert, weil er wirtschaftlich versagt habe, stößt bei vier von zehn Ostdeutschen und bei jedem zweiten aus dem maximal erreichbaren Potential auf Zustimmung.

Diese - auf Ostdeutschland beschränkte und dort vor allem im für die PDS erreichbaren Potential auszumachende - rückwärtsgewandte Verherrlichung sozialistischen Gedankenguts will sich die PDS im Wahlkampf zunutze machen. Der Sozialismus als Staatsform findet, obwohl die Vorzüge des marktwirtschaftlichen

Systems bei den Ostdeutschen ganz deutlich gesehen werden (nur 14 % der Ostdeutschen und 35 % der PDS-Anhänger halten einen erneuten Sozialismus für besser als das bisherige marktwirtschaftliche System der Bundesrepublik) immer noch beträchtliche Zustimmung. Der Sozialismus wird offenbar nicht deutlich mit dem autoritären System in Verbindung gebracht. Zum anderen wünschen sich viele Bürger in den neuen Ländern eine sozialistische Opposition im Bundestag. So stimmen der Aussage, "Im Bundestag sollte auch eine wirklich sozialistische Partei vertreten sein", fast die Hälfte der Befragten in den neuen Ländern zu. In diesem Votum kommt sicherlich auch der Wunsch zum Ausdruck, einen originären ostdeutschen Beitrag zur Vereinigung zu leisten bzw. in die Bundesrepublik etwas spezifisch Ostdeutsches einzubringen.

Tabelle 17: DDR-Nostalgie

	Zustimmung			
	Ost	max.erreichb. PDS-Potential (Ost)	Gesamt	West
	%	%	%	%
In hundert Jahren werden die Leute sagen, daß der Sozialismus auch seine guten Seiten hatte.	56	72	24	16
Im Bundestag sollte auch eine wirklich sozialistische Partei vertreten sein.	48	70	21	14
Der Sozialismus in der DDR ist nur deshalb gescheitert, weil er wirtschaftlich versagt hat.	40	52	28	29
Prinzipiell ist der Sozialismus sinnvoll und auch machbar.	34	57	15	10
Nur im echten Sozialismus ist eine wirkliche Gleichheit zwischen allen Menschen erreichbar.	29	51	15	11
Die entscheidenden Schlüsselzweige der Wirtschaft müssen verstaatlicht werden.	28	41	12	8
Ein erneuter Sozialismus wäre für das zukünftige Deutschland besser als das bisherige marktwirtschaftliche System der Bundesrepublik.	14	35	5	3

Anmerkung: Zustimmung: Skalenwerte +2 und +3 (Skala +3 bis -3)

Quelle: Konrad-Adenauer-Stiftung, Bereich Forschung und Beratung, Archiv-Nr.: 9305.

8.4 *Fazit*

Die PDS-Anhänger stellen eine homogene, stabile - quasi auf die PDS eingeschworene - Wählerschaft dar, die im Unterschied zur Bevölkerung in den neuen Ländern intensive Bindungen an ihre Partei hat. Die PDS verfügt somit über eine größere Stammwählerschaft als die anderen Parteien.

In der Wählerschaft der PDS spiegelt sich sozialer Protest gegenüber der Vereinigung wider. Im PDS-Elektorat finden sich diejenigen, die von den strukturellen Umbrüchen in ihrem Erwerbsstatus beeinträchtigt wurden. Die PDS ist also in erster Linie Sammelbecken der Verlierer der deutschen Einheit. Es gelingt der SED-Nachfolgeorganisation, aus Angst und Unsicherheit Kapital zu schlagen. Sie rekrutiert zwar Teile ihrer Anhängerschaft aus den ehemaligen Eliten bzw. Privilegierten des DDR-Regimes, die einen Statusverlust hinnehmen mußten. Eine weiter zunehmende "DDR-Nostalgie" könnte ihre Anhängerschaft allerdings auch sozial erweitern. Die PDS könnte in den Augen der Wähler der spezifisch ostdeutsche Beitrag zur Vereinigung werden. So ist es nicht auszuschließen, daß sie in der Rolle einer regionalen Interessenvertretung zusätzliche Wähler mobilisieren kann. Darüber hinaus profitiert die PDS - neben dem sozialen Protest - von weit verbreitetem Unmut, Unzufriedenheit und der allgemeinen Politikverdrossenheit.

Bezogen auf das Wahlergebnis bei der Bundestagswahl 1990, bei der die PDS im Osten 11,1 Prozent der Zweitstimmen erhielt, signalisieren die Umfragen seither eine leichte Verbesserung. Die PDS kommt allerdings auch in den Umfragen nicht an das Ergebnis der Volkskammerwahl 1990 heran, bei der sie 16,4 Prozent erreichte. Unwägbar ist allerdings, inwieweit sich die bundesweit einheitlich wirkende 5-Prozent-Hürde auf das Wahlverhalten und die Wahlchancen der PDS aus wirken wird. Wenn die PDS im Osten ihr maximal erreichbares Potential von 21 Prozent voll ausschöpfen könnte, dann wüchsen ihre Chancen, die Sperrklausel zu überwinden. Unterstellt man, daß die PDS im Westen so gut wie keine Stimmen erhält, müßte sie in Ostdeutschland, um diese Hürde bundesweit zu nehmen, allein ca. 23 Prozent der Zweitstimmen erhalten. Gegenwärtig erscheint dies eher unwahrscheinlich. Deshalb rückt das Bestreben, in den Hochburgen in Ost-Berlin und Brandenburg drei Direktmandate zu erhalten, zunehmend in das Zentrum der PDS-Wahlstrategie.

Das Abschneiden der PDS wird in hohem Maße von der Wahlbeteiligung bestimmt. Die PDS ist zwar in der Lage - dies zeigt die Kommunalwahl in Branden burg vom Herbst 1993 - ihre bisherigen Wähler zu mobilisieren und ihr Potential voll auszuschöpfen; sie hat allerdings bislang nur geringe Chancen, Wähler anderer Parteien zu gewinnen.

9. Die PDS vor den Wahlen: Zwischen Linksextremismus und Linkspopulismus

Abschließend stellt sich die Frage, ob die PDS eine Partei im Sinne der freiheitlichen demokratischen Grundordnung des Grundgesetzes ist, oder ob sie sich gegen den Wertekanon des demokratischen Verfassungsstaates stellt.

Dafür, daß die PDS zentrale Werte und Spielregeln des demokratischen Verfassungsstaates mißachtet, konnten zahlreiche Belege gefunden werden:

1. Die PDS ist Ende 1989 durch schlichte Umbenennung aus der diktatorischen SED hervorgegangen. Vier Jahrzehnte lang hat diese Partei freiheitlich-demokratische Grundsätze mißachtet. Zugegebenermaßen handelte es sich bei der SED um eine Massenpartei mit zuletzt noch 2,3 Mio. Mitgliedern, von denen ein Teil der Partei aus opportunistischen Motiven heraus angehörte. Wer jedoch auch nach dem Sturz des SED-Regimes in der nur vordergründig gewandelten Partei blieb, bekundete damit ein ungewöhnliches Maß an Treue, auch wenn dies nicht notwendigerweise mit dem Rechtfertigen früherer Herrschaftspraktiken einhergehen mußte. Wer jedoch seine Einstellung grundlegend wandelte, konnte unmöglich in der PDS bleiben. Ihm stand eine große Anzahl demokratischer Vereinigungen für sein politisches Engagement offen.

2. Die PDS behauptet, sie habe sich zu einer unzweifelhaft demokratischen Kraft gewandelt. Die Geschichte der PDS seit 1990 zeigt aber, daß die Partei immer nur auf die Ereignisse *reagierte*, ohne den inneren Erneuerungsprozeß von sich aus voranzutreiben. Der begrenzte politische Wandel ist deshalb im Grunde nur eine Verteidigungs- oder Überlebensstrategie, die Antwort auf ein als feindlich empfundenes politisches, wirtschaftliches und soziales Umfeld. Von innerer Überzeugung war dieser Wandel sicher nicht geleitet. Die diktatorische Vergangenheit haftet der Partei nach wie vor an. In diesem Zusammenhang ist auch darauf zu verweisen, daß sich die PDS auf "Autoritäten" wie Marx, Engels, Lenin und Gramsci beruft.

3. Die halbherzige Vergangenheitsbewältigung der PDS folgte bis zu einem gewissen Grad dem Muster der Chruschtschowschen Entstalinisierung. Verantwortlich gemacht werden Personen; die Strukturen werden dagegen kaum kritisch beleuchtet, geschweige denn in Frage gestellt. Zwar betont die Parteiführung den Bruch mit dem SED-Staat und seiner Partei. Trotzdem wird die Kontinuität zur SED immer noch als Selbstverständlichkeit angesehen, insbesondere wenn es der Partei nutzt (z.B. Finanzpraxis der PDS seit 1990). Die PDS sieht sich als Rechtsnachfolgerin der SED.

4. In der PDS gibt es zahlreiche frühere Stasi-Spitzel und MfS-Mitarbeiter. Galt die Zugehörigkeit zum Staatssicherheitsdienst der DDR unmittelbar nach der "Wende" in der PDS noch als belastendes Moment, so ist die Partei inzwischen dazu übergegangen, die Vergangenheit ihrer Funktionäre als mehr oder weniger "unwichtig" zu erachten.

5. In der Partei gibt es eine spürbare DDR-Nostalgie. Die PDS ist zur Heimat für ehemalige DDR-Privilegierte mit hohem Bildungsniveau geworden, für die die Wiedervereinigung gleichbedeutend mit einem gesellschaftlichem Abstieg war. Die PDS hat diese relativ fest umrissene soziale Gruppe halten können. Obwohl sie ihre politische Strategie auch auf die Eroberung von neuen Anhängern und, nicht zuletzt, Protestwählern ausgerichtet hat, hat es die PDS bis jetzt nicht geschafft, ihre politische Basis innerhalb der Bevölkerung zu verbreitern oder neue Mitglieder anzuwerben.

6. Die innerparteilichen Verhältnisse sind durch einen streng limitierten Pluralismus (Pseudopluralismus) gekennzeichnet. Die PDS läßt den innerparteilichen Strömungen nur einen sehr geringen Handlungsspielraum. Auch kommunistische "Hardliner" sind willkommen. Damit sind auch solche Kräfte Bestandteil der Partei, die sich ganz offen und zu den Prinzipien des Marxismus-Leninismus klassischer Prägung bekennen. Ein Ausschluß dieser Kräfte steht nicht zur Debatte.

7. Die Allmacht des Parteipräsidiums, heute ist es nur noch eine kleine Gruppe innerhalb des verkleinerten Parteivorstandes (Gysi, Brie, Bartsch, Bisky), ist ungebrochen. Der offiziell abgelehnte "demokratische Zentralismus" kehrt also durch die "Hintertür" wieder zurück.

8. Es bestehen zahlreiche personelle Verflechtungen der PDS mit Organisationen, deren linksextremer Charakter evident ist (z.B. diverse K-Gruppen). Kontakte bestehen außerdem zur 1990 in der Noch-DDR gegründeten KPD, zur "Ökologischen Linken" um Jutta Ditfurth und zur "Autonomen"-Szene. Mitglieder solcher Gruppierungen kandidierten auch schon in der Vergangenheit auf PDS-Listen. Die vielfältigen offiziellen und offiziösen Kontakte zur DKP auf Landesverbandsebene und die enge Zusammenarbeit der DKP mit der Kommunistischen Plattform in der PDS belegen, daß es keine klare Abgrenzung zur DKP gibt, auch wenn die PDS offiziell gerne auf das Vorhandensein von tiefen ideologischen Differenzen verweist. Diese Differenzen werden offenkundig von der Parteibasis kaum wahrgenommen. Im Gegenteil: Ein DKP-Mitglied kandidiert auf einem aussichtsreichen Listenplatz der PDS-Liste für das Europaparlament. Die Partei läßt es also offenkundig an einer Abgrenzung gegenüber linksradikalen und linksextremen Kräften fehlen. Zur "Kommunistischen Plattform" bleibt anzumerken, daß diese von der PDS-Führung als taktisches Instrument eingesetzt wird, um eine kommunistische Abspaltung aus den Reihen der PDS zu verhindern.

9. Der linksextremistisch inspirierten Strategie der PDS steht ihre linkspopulistische Taktik gegenüber. Die PDS versucht, vorhandenen gesellschaftlichen Protest sowie diffuse soziale Ängste in der Bevölkerung für sich zu nutzen. Durch das taktische Aufgreifen bestimmter "moderner" politischer Themen will sie ihre gesellschaftliche Breitenwirkung und Akzeptanz steigern. Dabei greift die PDS auf klassische kommunistische Unterwanderungsmethoden zurück. So hat die Partei mehrere, ineinander verwobene, politische Kampagnen gestartet, darunter der sogenannte "Antifa-Kampf", die Unterwanderung der Gewerkschaften und die Unterstützung von Konflikten im Arbeitsleben. Die Aktivitäten der PDS erstrecken sich aber auch auf Umweltschutz- und Frauengruppen sowie außerparlamentarische Protestgruppen.

10. Die PDS kann als "postkommunistisch" bezeichnet werden. Gemeint ist nicht, daß sie sich von der kommunistischen Ideologie und Praxis grundlegend abgewendet hat. Die postkommunistische Dimension bezieht sich vielmehr auf die neue Rolle der PDS in einem veränderten politischen und gesellschaftlichen System. Die PDS handelt wie eine modernisierte kommunistische Partei westlicher Prägung. Die PDS war gezwungen, mit zwei kommunistischen Traditionen zu brechen: Sie sieht den "Marxismus-Leninismus" nicht mehr als die einzige "wissenschaftliche" Weltanschauung an. Sie hält sich nicht mehr für eine ideologische Avantgarde und sieht in der "Arbeiterklasse" nicht mehr das "revolutionäre Subjekt". Vom kommunistischen Erbe blieb ihr aber die Strategie der Unterwanderung. Gegen die herrschenden Verhältnisse will die PDS einen breit angelegten gesellschaftlichen Widerstand aufbauen. Dabei wird, falls erforderlich, auch Gewalt als Mittel der Politik in Kauf genommen.[147] Als Vorreiterin des organisierten Widerstandes hofft die PDS ihre Überlebenschancen langfristig zu erhöhen.

11. Die verfassungsrechtlichen Vorstellungen der PDS, wie sie Gregor Gysi kürzlich in seinem "Ingolstädter Manifest" vortrug (z.B. Einführung einer sogenannten "Dritten Stimme", einer neuen zweiten Kammer), stehen in krassem Widerspruch zum Grundgesetz. Durch dieses Projekt versucht die PDS, eine Art "DDR-Separatismus" zu institutionalisieren.

12. Nach dem Muster der Linken Liste von 1990 tritt die PDS zur Bundestagswahl 1994 mit sogenannten "offenen Listen" an, die als Personenbündnisse angelegt sind. Die PDS "opfert" damit zwar einige Abgeordnetensitze, verspricht sich davon aber eine wesentliche Stärkung ihrer politischen Interventionsmöglichkeiten sowie die Ausdehnung ihres Einflusses (über die Verein-

147 So schließen Mitglieder der "Arbeitsgemeinschaft Junger GenossInnen" in der Zeitschrift "Disput" militanten Widerstand nicht aus (FAZ, 5.1.1994).

nahmung aller vorhandenen K-Gruppen hinaus) auf die sozialdemokratische Linke und die Fundamentalisten bei den Grünen. Diese Bündnispolitik alter Prägung geht mit einem altbewährten Prinzip einher: Die Vorherrschaft der PDS und ihres Apparates muß um jeden Preis gewahrt bleiben, d.h., die PDS sieht in ihren Verbündeten eher "Strohmänner" als Partner.

13. Die PDS pflegt auf internationaler Ebene Kontakte zu zahlreichen kommunistischen Parteien und hat auch gegenüber Linksdiktaturen keine Berührungsängste. Beispiele dafür sind Unterstützungkampagnen für die kubanischen Kommunisten und das besondere Verhältnis zur chinesischen KP. Mehrere Kandidaten auf der Europa-Wahlliste der PDS sind Mitglieder orthodoxer kommunistischer Parteien anderer Länder.

Alles in allem spricht einiges für den linksextremen Charakter der PDS. Die PDS bekämpft das herrschende System mit allen Mitteln. Sie vereinnahmt legitimen politischen Protest für ihre eigene subversive politische Strategie, die den Spielregeln und dem Wertekonsens der deutschen Demokratie zuwiderlaufen.

Die Frage, welche Rolle die PDS künftig im Parteiensystem spielen kann, ist zum gegenwärtigen Zeitpunkt nicht abschließend zu beantworten. Vieles deutet darauf hin, daß es der PDS nicht gelingen wird, sich in Westdeutschland zu etablieren. Alle bisherigen Versuche, die Partei im Gebiet der alten Bundesrepublik zu einer relevanten politischen Größe zu machen, sind kläglich gescheitert. Aus diesem Grunde versteht sich die PDS gegenwärtig in erster Linie als Vertreterin der Interessen der ostdeutschen Bevölkerung. Den deutschen Einigungsprozeß sieht sie ausschließlich unter negativen Vorzeichen. Sie spricht die Bürger in den neuen Ländern als Einigungs- bzw. Modernisierungsverlierer an. Über die Rolle ihrer Vorgängerorganisation SED, die alleine verantwortlich für die Zustände in der früheren DDR war, verliert sie dagegen kein Wort.

Die PDS wird im "Superwahljahr" 1994 versuchen, mit einer personenbezogenen Strategie in den Bundestag zurückzukehren. Zugkräftige Kandidaten sollen helfen, auch diejenigen Bürger anzusprechen, die der PDS als Partei mit Vorbehalten gegenüberstehen.

Die PDS bleibt zumindest eine linksradikale Partei. Sie hat ihre Themen und ihre Strategie den veränderten politischen Rahmenbedingungen angepaßt, d.h. modernisiert. Die PDS hält aber strikt am Sozialismus als visionärer gesellschaftlicher Projektion fest und stellt sich damit klar gegen die parlamentarische Demokratie. Obwohl sie den "Sieg" des Kapitalismus über den "bürokratisch entarteten" Sozialismus akzeptiert, konzentriert sie all ihre Kräfte auf eine destruktive Oppositi on gegen die marktwirtschaftliche Ordnung. Die Institutionen der parlamentarischen Demokratie werden von der PDS lediglich benutzt, um für das sozialistische "Endziel" zu kämpfen.

ANHANG

I. Kurze Chronologie 1989-1994

1989

18. Oktober: Rücktritt Erich Honeckers auf dem 9. ZK-Plenum. Egon Krenz wird Generalsekretär.

9. November: Die DDR-Grenzübergänge werden geöffnet.

13. November: Die 11. Tagung der Volkskammer beauftragt Hans Modrow mit der Regierungsbildung.

1. Dezember: Die Volkskammer beschließt, den Führungsanspruch der SED aus dem Artikel 1 der DDR-Verfassung zu streichen.

8. Dezember: In Berlin tritt der Außerordentliche Parteitag der SED zusammen.

9. Dezember: Konstituierende Sitzung des Parteivorstandes. Gregor Gysi wird Vorsitzender der SED. Wahl Hans Modrows, Wolfgang Berghofers und Wolfgang Pohls zu stellvertretenden Parteivorsitzenden.

16./17. Dezember: Fortsetzung des Außerordentlichen Parteitages. Umbenennung der SED in SED-PDS.

30. Dezember: Konstituierung der Kommunistischen Plattform in der SED-PDS.

1990

4. Januar: Das Parteipräsidium beschließt eine neue Parteistruktur.

15. Januar: Erstürmung des Hauptsitzes des Amtes für Nationale Sicherheit (AfNS), vormals MfS, in der Berliner Normannenstraße.

4. Februar: Der Parteivorstand beschließt die Umbenennung der SED-PDS in Partei des Demokratischen Sozialismus (PDS) und die Einberufung des 1. Parteitages (Wahlparteitag) für den 24./25. Februar 1990.

24./25. Februar: 1. Parteitag der PDS.

18. März: Bei den Volkskammerwahlen erzielt die PDS 16,4 % der Stimmen und erhält 66 von 400 Sitzen.

5. April: Konstituierende Sitzung der DDR-Volkskammer.

6. Mai: Bei den Kommunalwahlen in der DDR gewinnt die PDS 10.000 Mandate und stellt 305 Bürgermeister.

1. Juli: In der DDR wird die Mark offizielles Zahlungsmittel.

4. August: Konstituierung der Wahlpartei Linke Liste/PDS in Berlin.

31. August: Unterzeichnung des Einigungsvertrages.

8./9. September: Erneuerungskonferenz der PDS in Berlin.

15./16. September: Gesamtdeutscher Wahlkongreß der Linke Liste/PDS.

3. Oktober: Deutsche Vereinigung tritt in Kraft.

14. Oktober: Bei den Landtagswahlen in den neuen Bundesländern gewinnt die PDS insgesamt 11,6 % der Stimmen (Brandenburg 13,4 % 13 Mandate; Mecklenburg-Vorpommern 15,7 % 12 Mandate; Sachsen 10,2 % 17 Mandate; Sachsen-Anhalt 12 % 12 Mandate; Thüringen 9,7 % 9 Mandate.

18. Oktober: Polizeiliche Durchsuchung des Parteivorstandes im Berlin nach der Überweisung von 107 Millionen Mark auf ein Moskauer Konto (Putnik-Skandal).

Oktober: Austrittswelle aus der PDS.

10. November: Der PDS-Parteivorstand beschließt über Abgabe bzw. Verwendung des Parteivermögens.

2. Dezember: Bei der Bundestagswahl gewinnt die PDS/Linke Liste 2,4 % der abgegebenen Stimmen, im Osten 11,1 % (17 Sitze).

1991

26./27. Januar: 1. Tagung des 2. Parteitages der PDS.

1. Juni: Gründung der AG Gewerkschaftspolitik.

21.-23. Juni: 2. Tagung des 2. Parteitages in Berlin.

24. Juni: Die Treuhand-Anstalt unterstellt alle Immobilien der PDS in Brandenburg ihrer Verwaltung.

27. Juni: Die Treuhand-Anstalt nimmt die Konten aller PDS-Vorstände unter Kontrolle.

12. Juli: Die Treuhand-Anstalt unterstellt alle Berliner-Immobilien der PDS ihrer Verwaltung.

15./16. Juli: Das Neue Deutschland wird praktisch unter Treuhand-Kontrolle genommen.

29. Juli: Beginn der Urabstimmung über das PDS-Statut.

20. August: Durchsuchung von 32 Einrichtungen der PDS.

23./24. November: Vorschlag zur Reduzierung des Führungsgremiums der PDS von 70 auf 18 Mitglieder.

14/.15. Dezember: 3. Tagung des 2. Parteitages.

1992

24. Februar: Durchsuchung des Berliner Karl-Liebknecht-Hauses sowie aller Geschäftsstellen der Landesvorstände im Osten.

24. Mai: Bei den Wahlen zu den Berliner Bezirksversammlungen erzielt die PDS 29,7 % der Stimmen im Ostteil der Stadt (156 Abgeordnete).

11. Juli: 69 Erstunterzeichner präsentieren einen Appell zur Gründung von Komitees für Gerechtigkeit.

25. Oktober: Rücktritt von André Brie als Berliner Landesvorsitzender wegen Stasi-Mitarbeit. Die Bundesanwaltschaft ermittelt gegen ihn wegen geheimdienstlicher Tätigkeit für den KGB 1990/1991.

30. November: Der Parteivorstand billigt den Entschluß Gregor Gysis, nicht wieder für den Parteivorsitz zu kandidieren.

21. Dezember: Der Parteivorstand berät die Wahlstrategie 1994.

1993

29./31. Januar: Erste Tagung des 3. Parteitages. Lothar Bisky wird Parteivorsitzender.

16. Februar: Neukonstituierung des Zentralen Wahlbüros der PDS in Berlin.

15. März: Rücktritt Christine Ostrowskis als stellvertretende Parteivorsitzende wegen ihrer vertraulichen Gespräche mit sächsischen Neonazis.

22. Mai: Kleiner West-Parteitag in Bonn.

26./27. Juni: Die 2. Tagung des 3. Parteitages steht unter der Losung "Linke Opposition gegen rechte Experimente".

20. Juli: Mahnwache zur Unterstützung der "Kalikumpel" von Bischofferode.

6. November: Die Gewinnung von 7.500 Kandidaten der PDS für die Kommunalwahlen 1994 wird als zentrale Aufgabe formuliert.

5. Dezember: Bei den Kommunalwahlen in Brandenburg erringt die PDS 21,2 % der Stimmen.

1994

11./13. März: 3. Tagung des 3. Parteitages im Berlin.

(Siehe: Von den Anfängen. Eine illustrierte Chronik der PDS 1989-1993, Berlin 1994.)

II. Die PDS-Führung:

Der Parteivorstand der PDS hat 18 Mitglieder (Vorsitzender, 3 Stellvertreter, Schatzmeister, Bundesgeschäftsführer, 12 weitere Mitglieder).

Bisky, Lothar: Er wurde von den Delegierten des 3. Parteitages am 30.1.1993 zum neuen Vorsitzenden der PDS gewählt. Der am 17.8.1941 in Zollbrück, Kreis Rummelsburg, geborene Kulturwissenschaftler ist verheiratet und hat drei Kinder. Er promovierte 1969 an der Universität Leipzig zum Dr. phil., 1975 zum Dr. sc. phil. Nach medienwissenschaftlichen und kultursoziologischen Forschungen an der Universität Leipzig 1966/67 war er bis 1980 Mitarbeiter des Zentralinstituts für Jugendforschung in Leipzig, anschließend bis 1986 an der Akademie für Gesellschaftswissenschaften. Nachdem er ab 1979 als Honorarprofessor an der Humboldt-Universität Berlin gewirkt hatte, wurde er 1986 als ordentlicher Professor für Film und Fernsehwissenschaft an die Hochschule für Film und Fernsehen Potsdam-Babelsberg berufen (dieses Arbeitsverhältnis ruht), deren Rektor er von 1986 bis 1990 war. Am 3.12.1989 wurde Lothar Bisky zum Mitglied des Arbeitsausschusses zur Vorbereitung des außerordentlichen Parteitages der SED gewählt, von 1989 bis 1991 war er Mitglied des Präsidiums der PDS, von 1991 bis 1993 PDS-Landesvorsitzender Brandenburg und seit 1990 Fraktionsvorsitzender der PDS/Linke Liste im Landtag Brandenburg, wo er zugleich Vorsitzender des Stolpe-Untersuchungsausschusses ist.

Ostrowski, Christine: Sie wurde auf dem 3. Parteitag der PDS zur stellvertretenden Parteivorsitzenden gewählt. Die 1945 geborene Lehrerin für Mathematik/Physik und Diplom-Gesellschaftswissenschaftlerin ist geschieden, hat drei Töchter und einen Enkel. Sie trat 1969 "aus völlig freien Stücken" der SED bei. Von 1971 bis 1973 arbeitete sie als Pionierleiterin und anschließend bis 1986 als Vorsitzende der Pionierorganisation in einem Dresdner Stadtbezirk. Danach war sie Vorsitzende der Kommission Jugend und Sport sowie Abteilungsleiterin Agit-Prop bei einer Dresdner SED-Stadtbezirksleitung sowie Leiterin der SED-Bildungsstätte im VEB Mikromat Dresden. Es folgten Funktionen als Parteisekretärin im VEB Schleifkörperunion Dresden, Leiterin der Bildungsstätte der SED-Stadtleitung und schließlich Parteisekretärin am Staatsschauspiel Dresden. Christine Ostrowski war im Herbst 1989 Mitinitiatorin der Dresdner Initiativgruppe zur revolutionären Erneuerung der SED. Am 16.2.1990 wurde sie zur Vorsitzenden des Dresdner PDS-Stadtvorstandes gewählt. Von März bis Oktober 1990 gehörte sie der Volkskammer der DDR an, anschließend bis Dezember 1990 dem Deutschen Bundestag. Von der 1. bis zur 2. Tagung des 2. Parteitages war sie Mitglied des Bundesvorstandes der PDS. Besondere "Verdienste" erwarb sich Christine Ostrowski gemeinsam mit dem Dresdner Gerechtigkeitskomitee bei der Verteidigung von Mieterinteressen. Sie wurde zum Rücktritt gezwungen, nachdem ihre Kontakte zu rechtsextremen Kreisen bekannt wurden.

Gehrcke, Wolfgang: Der bisherige Bundesgeschäftsführer Wolfgang Gehrcke wurde im Januar 1993 zum stellvertretenden Vorsitzenden der PDS gewählt. Gehrcke ist 1961 in die illegale Kommunistische Partei Deutschlands (KPD) eingetreten und trat 1968 als Gründungsmitglied der Sozialistischen Deutschen Arbeiterjugend (SDAJ) in Erscheinung. Von 1968 bis 1970 nahm er die Funktion des SDAJ-Landesvorsitzenden in Hamburg ein; außerdem war er von 1968 bis 1974 stellvertretender SDAJ-Bundesvorsitzender. Anschließend, in der Zeit von 1974 bis 1979, war er SDAJ-Bundesvorsitzender und von 1973 bis 1989 Mitglied des Parteivorstandes der Deutschen Kommunistischen Partei (DKP) sowie von 1978 bis 1989 Mitglied des DKP-Bezirksvorstandes Hamburg. Ab April 1981 bekleidete er das Amt des Vorsitzenden der DKP-Hamburg. Gehrcke gehörte zum Kreis der "Erneuerer" in der DKP. Am 9.12.1989 trat er als Vorsitzender der DKP-Bezirksorganisation Hamburg zurück; am 11.1.1990 erklärte er seinen Austritt aus der DKP.

Kaiser, Kerstin, Brandenburg: Jahrgang 1960, aufgewachsen im Kreis Stralsund, vier Kinder, lebt in Kleinmachnow. 1979-1984 Slawistikstudium in Leningrad, danach Lehrerin in der Sprachintensivausbildung. 1979-1989 SED, danach PDS. 1990/91 Mitglied im Ortsvorstand der PDS Kleinmachnow. Seit 1991 Mitglied im Parteivorstand und im damaligem Präsidium der PDS. 1993 wurde sie zur stellvertretenden PDS-Vorsitzenden gewählt. Seit Dezember 1991 stellvertretende Vorsitzende der AG Lisa Potsdam/LV Brandenburg.

Kaufmann, Sylvia-Yvonne, Berlin: Geboren 1955, verheiratet, zwei Kinder. Nach dem Studium der Japanologie an der Berliner Humboldt-Universität bis Anfang 1990 als Wissenschaftlerin in diesem Fach tätig. 1984 Dissertation zum Thema Japan/China. Höhere Funktionen in FDJ und SED. Seit Juni 1993 stellvertretende PDS-Vorsitzende.

Harnack, Martin: Er wurde im Januar 1993 zum neuen Bundesgeschäftsführer der PDS gewählt. Am 22.3.1950 geboren, ist er verheiratet, hat drei Kinder. Bis 1981 war er einige Jahre als Diplomlehrer für Deutsch und Geschichte tätig. Von 1981 bis 1983 war er Mitarbeiter der SED-Kreisleitung Grimma, anschließend dort Abteilungsleiter für Agitation und Propaganda. Seinen Grundwehrdienst leistete er bei den Grenztruppen der DDR ab. Von 1987 bis 1988 absolvierte er ein Studium an der Akademie für Gesellschaftswissenschaften beim ZK der KPdSU in Moskau. Danach wurde er erneut Mitarbeiter, später Sekretär für Agit-Prop und im Dezember 1989 1. Sekretär der SED-Kreisleitung Grimma. Im März 1990 wählten ihn die Delegierten des Kreises Grimma zum Vorsitzenden des PDS-Kreisvorstandes. Im April 1991 wurde Martin Harnack zum Landesgeschäftsführer der PDS Sachsen gewählt.

Bartsch, Dietmar, Dr., Berlin: Geboren am 31.03.1958 in Stralsund (Vorpommern), verheiratet, 2 Kinder. Aufgewachsen in Tribsees (vorpommersche Kleinstadt), Abitur, Eintritt in die SED, Grundwehrdienst, fünfjähriges Studium der Politischen Ökonomie an der Hochschule für Ökonomie Berlin (bis 1983). Danach im Verlag "Junge Welt" tätig, 1986 Aspirantur an der Akademie für Gesellschaftswissenschaften in Berlin begonnen, ab 1987 in Moskau fortgesetzt. Mai 1990 Dissertation (Dr. rer. oec.). Anschließend bis Dezember 1990 Geschäftsführer im Verlag "Junge Welt" GmbH. Delegierter des außerordentlichen Parteitages im Dezember 1989 (aus Moskau), Mitbegründer der AG Junge GenossInnen, später Mitglied des Kreisvorstandes Berlin - Mitte (bis heute). Im Zuge des Finanzskandals auf dem Parteitag im Januar 1991 zum Schatzmeister der PDS gewählt.

Brie, André, Dr., Berlin: Am 13. März 1950 in Schwerin geboren. Promovierter Politikwissenschaftler.

Bischoff, Joachim, Dr., Hamburg: Sozialwissenschaftler und Journalist, lebt seit 1975 in Hamburg. 1944 auf Usedom geboren und in Baden-Württemberg aufgewachsen. Zunächst Mitglied der Sozialistischen Jugend "Die Falken" später in der SPD und im Sozialistischen Studentenbund (SDS) aktiv. 1966 Austritt aus der SPD. Seit 1975 Redakteur der Zeitschrift "Sozialismus". Gründungsmitglied der PDS/LL.

Dörre, Karin, Berlin: Geboren 1954, verheiratet, eine Tochter, Abitur 1973, Volontariat 1973 bis 1974 bei der "Jungen Welt", 1974 bis 1978 Studium der Journalistik an der KMU Leipzig, 1978 bis 1988 Journalistin bei der "Jungen Welt". April 1988 bis Mai 1989 Zentralrat der FDJ. Seit Mai 1989 Journalistin beim Neu en Deutschland (dort zur Zeit ein ruhendes Arbeitsverhältnis), Mitglied der SED 1977 bis 1989. Sekretärin einer Wohnparteiorganisation der SED. Mitglied der PDS seit 1990. 1990 Mitglied der Stadtverordnetenversammlung von Berlin. Ehrenamtliches Mitglied des Bundesvorstandes der PDS seit 1992 (verantwortlich für Öffentlichkeitsarbeit).

Gohde, Claudia, Hamburg: 34 Jahre, Studium der evangelischen Theologie, Volkskunde und Germanistik, wohnt in Hamburg, arbeitet in Berlin. Politische Erfahrungen im links-grün-alternativen Spektrum: Anti-AKW-, Frauen und Friedensbewegung, lange Zeit in der Studentenpolitik. Seit Dezember 1991 im PDS-Parteivorstand zuständig für die Politik der PDS in Westdeutschland. Seit Mai 1993 Mitglied des Arbeitsausschusses der Arbeitsgemeinschaft westlicher Landesverbände. Seit September 1992 im Parteivorstand, verantwortlich für die Arbeitsbereiche Antirassismus und Antifaschismus. Mitarbeit im Wahlbüro und in der AG 5 % der Bundestagsgruppe.

Knake-Werner, Heidi, Bremen: Geboren 1943 in Tomaschow (Polen), ehemalige niedersächsische Schwimmeisterin. 1964 Abitur, bis 1969 Studium der Sozialwissenschaften in Göttingen. 1969 bis 1972 Schuldienst in Oldenburg, von 1972 bis 1983 Forschungsassistentin und Promotion in Oldenburg und Bremen. Drei Jahre hauptamtlich beim DKP-Bezirksvorstand Bremen, 1987/88 Studium in Moskau. Seit 1991 Mitarbeiterin von Petra Bläss in der Bundestagsgruppe der PDS/Linke Liste in Bonn. Seit 1969: SPD, GEW, später ÖTV. Verschiedene Parteifunktionen auf Orts-, Bezirks- und Bundesebene, Schwerpunkt Frauenpolitik, gewerkschaftliche Bildungsarbeit, Personalrätin. Eine Legislaturperiode lang Ratsfrau in Oldenburg. Parteiordnungsverfahren wegen Zusammenarbeit mit Kommunistinnen, dann selbst in die DKP eingetreten. Mitglied des Bezirkssekretariats in Bremen bis zur Selbstauflösung des Bezirks. PDS in Bremen mitgegründet. Seit 1991 im Parteivorstand der PDS (Schwerpunkt: gewerkschafts- und sozialpolitische Fragen).

Lederer, Andrea, Bonn: Geboren am 4. Oktober 1957 in Bayern, Abitur 1976, anschließend Jurastudium. Engagement in der Frauenbewegung, u.a. Eröffnung eines Frauenbuchladens, Mitarbeit in Bürgerinitiativen. Seit 1987 zugelassene Rechtsanwältin, zunächst in Regensburg, dann in Hamburg. Während des Studiums Engagement in der Anti-WAA-Bewegung in Bayern. Ab 1983 Mitarbeit im Kommunistischen Bund (KB) bis zu dessen Auflösung. Mitbegründerin der PDS/ Linke Liste im Westen. Seit 1990 Bundestagsabgeordnete der PDS/Linke Liste (Landesliste Mecklenburg-Vorpommern). Zunächst zwei Jahre lang stellvertretende Gruppenvorsitzende, seit Januar 1993 Parlamentarische Geschäftsführerin. U.a. Mitglied im Verteidigungsausschuß und im KoKo-Ausschuß.

Marquardt, Angela (AG Junge GenossInnen): Im PDS-Vorstand zuständig für Jugend- und Studentenpolitik, Bildungspolitik.

Mendl, Eva, Berlin: Geboren 1955 in Berlin, Abitur, Studium (Diplompädagogin für Deutsch und Musik). Während des Studiums Eintritt in die SED. Lehrerin an einer Schule in Berlin-Mitte. Bis 1990 wissenschaftliche Arbeit an der Marx-Engels-Gesamtausgabe (MEGA), danach ABM im sozialen Bereich (Fachdienst Integrationsberatung Berlin-Ost), Seit August 1992 Stadträtin für Jugend, Familie und Kultur in Berlin Mitte, nominiert von der PDS.

Moneta, Jakob, Hessen: Mitglied der "IV. Internationale - Vereinigtes Sekretariat". Spezialist für Gewerkschaftsarbeit, ehemaliger Chefredakteur der Zeitschrift "Metall", IG-Metall Frankfurt.

Schumann, Michael, Prof. Dr., Potsdam: Geb. 1946, verheiratet, ein Sohn. 1986-1990 ordentlicher Professor für Philosophie an der Akademie für Staats- und Rechtswissenschaften der DDR - Hochschule für Recht und Verwaltung. Mitglied der SED seit 1967 (ehrenamtliche Basisfunktion). Mitglied der Volkskammer der DDR von Mai bis September 1990. Mitglied des Deutschen Bundestages von

Oktober bis Dezember 1990. Mitglied des Landtages Brandenburg seit September 1990. Dort innenpolitischer Sprecher der Fraktion PDS/LL. Seit Herbst 1989 Leitungsfunktionen in der SED/PDS auf Bezirks- bzw. Landesebene. Seit Dezember 1991 Mitglied des Präsidiums bzw. des Parteivorstandes der PDS, Arbeitsschwerpunkte: Demokratie und Rechtspolitik sowie Geschichtsarbeit.

Tügel, Tanju, Dr., Berlin: 36 Jahre, erster aus der Türkei stammender Bezirksstadtrat Berlins, ausländerpolitischer Sprecher der PDS.

Wagenknecht, Sahra, Berlin: Geboren 1969, studiert gegenwärtig Philosophie und Germanistik an der Humboldt-Universität. Seit März 1989 Mitglied der SED.

III. Geschäftsverteilungsplan - Parteivorstand der PDS

(Beschluß des Parteivorstandes vom 27. September 1993)

Bisky, Lothar (Vorsitzender der PDS): Erarbeitung der politischen Strategie der PDS; juristische Vertretung der PDS; Leitung des Parteivorstandes; Abstimmung der internationalen Politik der PDS.
Die drei stellvertretenden Vorsitzenden vertreten den Vorsitzenden in seiner Abwesenheit politisch und juristisch. Darüber hinaus verantworten sie folgende Gebiete:

- **Kaiser, Kerstin**: Bereich Frauen/Feminisierung der Politik; Koordinierung der Arbeit der AG Lisa; Zusammen mit dem Bundesgeschäftsführer zuständig für die inhaltliche Vernetzung der IG/AG; Kulturpolitik.
- **Kaufmann, Sylvia-Yvonne**: Internationale Politik; Europapolitik; Wahlkampf '94 zum Europaparlament (mit **André Brie**); "Dritte Welt" und antiimperialistische Initiativen
- **Gehrcke, Wolfgang**: Initiativen auf verschiedenen Politikfeldern; Zusammenarbeit mit Initiativen und Organisationen; Kontakte zu anderen Parteien.

Sonsige Vorstandsmitglieder:

- **Harnack, Martin** (Bundesgeschäftsführer): Koordinierung der Aktivitäten der Partei zur Durchsetzung der Beschlüsse der Parteitage und des Parteivorstandes; Zusammenarbeit mit den Landesverbänden: Abstimmung und Koordination politischer Initiativen zwischen Parteivorstand und Landesvorständen; Zusammenarbeit mit den bundesweiten AG, IG und dem Parteirat.
- **Bartsch, Dietmar** (Schatzmeister): Finanz- und Vermögensfragen; Personalfragen; Etatplanung; Kontakt zu den entsprechenden Arbeitsbereichen der Länder.
- **Bischoff, Joachim**: Wirtschaftspolitik, Technologie und Ökologie; Kooperation mit dem Bereich Kommunalpolitik (**Mendl, Eva**); Wissenschaftspolitik; Arbeitsmarktpolitik.

- **Brie, André**: Leiter des Wahlbüros; Leiter der Grundsatzkommission; Politische Bildung in der PDS.
- **Dörre, Karin**: Öffentlichkeitsarbeit und Medienpolitik; "DISPUT" und "PID".
- **Gohde, Claudia**: Politik der PDS im Westen; Rechtsextremismus/Antifaschismus.
- **Knake-Werner, Heidi**: Arbeitsmarkt- und Sozialpolitik; Ansprechpartnerin für Lesben- und Schwulenpolitik.
- **Lederer, Andrea**: Koordinierung der Zusammenarbeit der Bundestagsgruppe und Parteivorstand; Friedenspolitik.
- **Marquardt, Angela**: Jugend- und Studentenpolitik; Bildungspolitik.
- **Mendl, Eva**: Kommunalpolitik - Mieten und Wohnen.
- **Moneta, Jakob**: Gewerkschaftspolitik.
- **Schumann, Michael**: Innen- und Rechtspolitik; Geschichtsarbeit/Historische Kommission.
- **Tügel, Tanju**: Ausländerlnnenbeauftragter; Antirassismus.
- **Wagenknecht, Sahra**: Studentenpolitik (zus. mit **Angela Marquardt**); Kommunistische Plattform.

(Quelle: PID, 8.10.1993.)

IV. Abgeordnetengruppe der PDS/Linke Liste im 12. Deutschen Bundestag (Stand Januar 1994)

Bläss, Petra: Geboren am 12. Juni 1964 in Leipzig, ledig, Diplom-Lehrerin für Deutsch und Geschichte, wohnhaft in Berlin (Ost). 1970-1982 POS, EOS. 1982 Abitur. 1982-1987 Studium der Literaturwissenschaft an der Humboldt-Universität Berlin. Juni bis Dezember 1990 Redakteurin im Deutschen Fernsehfunk. Mitglied des Unabhängigen Frauenverbands (UFV), Mitglied der IG Medien. Parteilos. Februar bis August 1990 Vorsitzende der Wahlkommission der DDR zu den Volkskammer- und Kommunalwahlen. Landesliste Berlin.

Enkelmann, Dagmar, Dr.: Diplomhistorikerin, wohnhaft in Bernau, geboren am 5. April 1956 in Altlandsberg, Kreis Strausberg, verheiratet, drei Kinder. 1974-1979 Studium der Geschichte an der Karl-Marx-Universität in Leipzig; 1979-1985 Geschichtslehrerin. 1985-1989 Aspirantur auf dem Gebiet der Jugendforschung. Seit 1977 Mitglied der SED, seit 1990 in der PDS. Mitglied der Volkskammer vom 18. März bis 2. Oktober 1990. Stellvertretende Parlamentarische Geschäftsführerin der PDS-Fraktion in der Volkskammer, Mitglied des Präsidiums, des Rechtsausschusses und des Ausschusses für Verfassung und Verwaltungsreform der Volkskammer. Mitglied des Bundestages seit 3. Oktober 1990; Landesliste Brandenburg.

Fischer, Ursula, Dr.: Fachärztin für Kinderheilkunde, wohnhaft in Nordhausen, geboren am 6. September 1952 in Steinach, Thüringen, verheiratet, drei Kinder. Besuch der Polytechnischen Oberschule in Steinach und der Erweiterten Oberschule in Neuhaus am Rennweg. Studium der Medizin an den Universitäten Leipzig und Erfurt. 1980 Dr. med. Seit 1982 Fachärztin. 1987-1989 Tätigkeit in einem nicaraguanischen Hospital. Mitglied der Initiativgruppe III. Welt e.V. Nordhausen, von "El hospital" e.V. und der Gesellschaft für Psychotherapie und Pädiatrie. 1972 Eintritt in die SED, 1990 in die PDS. Seit 1990 Mitglied des Kreisvorstandes Nordhausen und des Landesvorstandes Thüringen der PDS. Mitglied der Volkskammer vom 18. März bis 2. Oktober 1990. Mitglied des Ausschusses für Wirtschaftliche Zusammenarbeit und des Ausschusses für Familie und Frauen der VK. Mitglied des Bundestages seit 3. Oktober 1990; Landesliste Thüringen.

Fuchs, Ruth, Dr.: Geboren am 14.12.1946 in Egeln, Sachsen-Anhalt, wohnhaft in Jena. 1964 Abitur, 1966 Abschluß als medizinisch-technische Assistentin, 1981 Diplomsportlehrerin, 1984 Promotion. 1984-1989 wissenschaftliche Assistentin an der Friedrich-Schiller-Universität Jena. Zweifache Olympiasiegerin im Speerwerfen (1972 und 1976). Seit 1971 Mitglied der SED, seit 1990 der PDS. Seit 1991 stellvertretende Landesvorsitzende der PDS Thüringen. Mitglied der Volkskammer der DDR von März bis Oktober 1990, Vorsitzende des Ausschusses für Jugend und Sport. Mitglied des Deutschen Bundestages von Oktober bis Dezember 1990 und seit dem 11. März 1992.

Gysi, Gregor, Dr.: Rinderzüchter, Diplomjurist, wohnhaft in Berlin, geboren am 16. Januar 1948 in Berlin. 1962-1966 erweiterte Oberschule. Bis 1966 Lehrausbildung als Facharbeiter für Rinderzucht. 1966-1970 Jurastudium an der Humboldt-Universität Berlin. 1970-1971 Assistentenausbildung am Gericht und im Rechtsanwaltskollegium. Seit 1971 Rechtsanwalt. April 1988 bis Dezember 1989 Vorsitzender des Kollegiums der Rechtsanwälte in Berlin. Mai 1988 bis Dezember 1989 Vorsitzender des Rates der Vorsitzenden der Kollegien der Rechtsanwälte in der DDR. Seit 1963 Gewerkschaftsmitglied. Seit 1962 Mitglied der Gesellschaft für Deutsch-Sowjetische Freundschaft. Seit 1971 Mitglied der Vereinigung der Demokratischen Juristen. Seit dem 11. November 1967 Mitglied der SED. Dezember 1989-Dezember 1992 Vorsitzender der SED-PDS.

Henn, Bernd: Gewerkschaftssekretär, Geboren am 18. Juni 1946 in Göttingen, verheiratet, ein Kind, wohnhaft in Salzgitter. Realschulabschluß, Radio- und Fernsehtechniker, Pädagogische Hochschule, Lehrerexamen. Lehrer in der Erwachsenenbildung, Gewerkschaftssekretär IG Metall. 1969-1990 Mitglied der SPD, seit Oktober 1990 Mitglied der PDS in der Kreisorganisation Dessau. Landesliste Sachsen-Anhalt.

Heuer, Uwe-Jens, Prof. Dr.: Geboren am 11.07.1927 in Essen, Jurastudium. 1958 mußte er wegen “Revisionismus” die Universität verlassen. 1965 Professor und 1979 korr. Mitglied der Akademie der Wissenschaften. Fachgebiete: deutsche Staats- und Rechtsgeschichte, Wirtschaftsrecht und politische Wissenschaft. Autor von sechs Büchern, darunter 1989 “Marxismus und Demokratie”. Mitglied der letzten Volkskammer der DDR. Seit dem 3. Oktober 1990 MdB, Rechtsausschuß, Verfassungskommission.

Höll, Barbara, Dr.: Philosophin, wohnhaft in Leipzig, geboren am 26. Dezember 1957 in Coswig/Anhalt, Kreis Roßlau, Bezirk Halle, konfessionslos, verheiratet, zwei Söhne. 1976 Abitur, Studium der Philosophie an der staatlichen Rostower Universität am Don, UdSSR. 1981 Abschluß mit Universitätsdiplom. Wissenschaftliche Assistentin an der Handelshochschule Leipzig. 1988 Promotion zum Dr. phil. Mitglied des Demokratischen Frauenbundes e.V., parteilos.

Jelpke, Ulla: Studentin, Angestellte, wohnhaft in Hamburg, geboren am 9. Juni 1951 in Hamburg. Hauptschule, Friseurin, Kontoristin und Buchhändlerin. Angestellte am “Institut für Sozialforschung”. Seit Herbst 1990 Mitglied der PDS/LL. Aus der “68er Linken” kommend, aktiv in der Autonomen Frauenbewegung, später in der Umweltbewegung. 1981-1989 Mitglied der Hamburgischen Bürgerschaft (GAL). Zwischenzeitlich wegen Rotation drei Jahre Frauenreferentin der GAL-Fraktion. Seit zehn Jahren aktiv als Strafvollzugshelferin. Landesliste Nordrhein-Westfalen.

Keller, Dietmar, Dr.: geboren am 17. März 1942 in Chemnitz, verheiratet, drei Kinder. 1960 Abitur. 1956-1972 FDJ, 1963 Mitglied der GDSF, 1966 Mitglied des FDGB, 1978 Mitglied im Kulturbund. 1962-1966 Studium an der Karl-Marx-Universität Leipzig, Diplomlehrer für Marxismus/Leninismus, 1966-1970 Assistent/Oberassistent an der Karl-Marx-Universität. 1970-1977 Sekretär der SED-Kreisleitung der Karl-Marx-Universität. 1977-1984 Sekretär der SED-BL Leipzig. 1982-1983 Studium an der Akademie für Gesellschaftswissenschaften beim ZK der KPdSU. 1984-1988 Stellvertreter des Ministers für Kultur, 1988 Staatssekretär im Ministerium für Kultur. 1990 Mitglied der PDS. Mitglied der Volkskammer vom 18. März bis 2. Oktober 1990, 1. Stellvertreter des Vorsitzenden der PDS-Fraktion der VK, Vorsitzender des Ausschusses für Kultur der VK, Mitglied des Ausschusses für Deutsche Einheit der VK. Mitglied des Deutschen Bundestages seit 3. Oktober 1990, Landesliste Brandenburg.

Lederer, Andrea; Siehe oben II.

Modrow, Hans, Dr.: Geboren am 27. Januar 1928 in Jasenitz, Kreis Ueckermünde. Volkssturm, Soldat, Gefangenschaft. Antifaschule in der UdSSR. 1945 Abschluß einer Lehre als Maschinenschlosser. 1949 Eintritt in die SED, die FDJ und den FDGB. Verschiedene Funktionen im Jugendverband. 1949-1961 Funktionen in der FDJ in Brandenburg, Mecklenburg-Vorpommern und Berlin (Abteilungsleiter im FDJ-Landesvorstand; Sekretär im FDJ-Landesvorstand, 1951-1952 FDJ-Landesvorsitzender Mecklenburg, 1952-1961 Sekretär des FDJ-Zentralrats, 1. FDJ-Bezirkssekretär. Danach Studium an der Komsomolhochschule in Moskau, qualifizierte sich im Fernstudium an der Parteihochschule "Karl Marx" beim ZK der SED zum Diplomgesellschaftswissenschaftler sowie in einem externen Studium an der Hochschule für Ökonomie Berlin Karlshorst zum Diplomwirtschaftler. 1966 Promotion zum Dr. rer. oec. 1952-1961 Sekretär des Zentralrates der Bezirksleitung Berlin der FDJ, anschließend Parteifunktionen in der Kreisleitung Berlin-Köpenik und in der Bezirksleitung Berlin. 1958-1967 Kandidat und ab 1967 Mitglied des ZK der SED. 1971-1973 Leiter der Abteilung Agitation beim ZK. Seit 1973 1. Sekretär der SED-Bezirksleitung Dresden. Im November 1989 auf der 10. Tagung des ZK der SED zum Mitglied des Politbüros gewählt. Seit 1957 Abgeordneter der Volkskammer der DDR. Mitglied des Verfassungsausschusses, des Jugendausschusses, 1967-1981 Mitglied des Volkskammerausschusses für Kultur. Ab 1967 Vorsitzender der Parlamentarischen Freundschaftsgruppe DDR-Japan in der Volkskammer. 1989 Mitglied des Präsidiums der SED-PDS. November 1989-März 1990 Ministerpräsident der DDR.

Philipp, Ingeborg: Geboren am 19.1.1925 in Sohland/Spree, evangelisch, vier Kinder. Volksschule, Höhere Handelsschule, Ingenieurschule, Oberschule. 1946-1951 Physikstudium an der Technischen Hochschule Dresden. 1952-1960 Tätigkeit im VEB Lokomotivbau Elektrotechnische Werke Henningsdorf, 1964-1979 im VEB Stahl- und Walzwerk Henningsdorf, 1979-1990 im VEB Stahl- und Walzwerk Brandenburg. Mitglied der Kammer der Technik, der Gewerkschaft, der DSF. Seit 1973 Mitglied der Christlichen Friedenskonferenz, seit 1991 der Initiative Christliche Linke, seit 1992 der Gesellschaft zur Förderung des christlich-marxistischen Dialogs. 1989 Mitglied der SED/PDS, seit 1990 Mitglied des Landesvorstandes Brandenburg der PDS. Mitglied des Deutschen Bundestages seit 21.5.1992, Landesliste Brandenburg

Schumann, Fritz, Dr.: Geboren am 8. Dezember 1948 in Garbisdorf/Thüringen, Agrartechniker, Hochschulagraringenieur, Diplomlandwirt, wohnhaft in Kroppenstedt, verheiratet, zwei Kinder. Abschluß der 10. Klasse, danach Berufsausbildung mit Abitur. Studium der Landwirtschaft an der Martin-Luther-Universität Halle. 1972 Diplomagraringenieur, Forschungsstudium und 1975 Dissertation am Lehrstuhl Physiologie und Ernährung der Kulturpflanzen. Vorsitzender der LPG Schmeidlingen im Kreis Staßfurt/Sachsen-Anhalt. Mitglied der Agrarwissenschaftlichen Gesellschaft (Awig), zehn Jahre im Bezirksvorstand der Awig. 1975 Eintritt in die SED, Mitglied der Kreisleitung und der Bezirksleitung der SED. Dezember 1989 Wahl in den Parteivorstand der SED-PDS (bis Sommer 1990). Leiter des Arbeitskreises Landwirtschaft beim Parteivorstand der PDS. Mitglied der Volkskammer vom 18. März bis 2. Oktober 1990, Mitglied des Ausschusses für Ernährung, Land- und Forstwirtschaft und des Ausschusses für Deutsche Einheit der VK. Mitglied des Bundestages seit 3. Oktober 1990. Landesliste Sachsen-Anhalt. Leiter des Arbeitskreises Ökologie, Soziales, Wirtschaft in der Bundestagsgruppe. Seit Herbst 1993 PDS-Kreisvorsitzender vom Bördekreis.

Seifert, Ilja, Dr.: Geboren am 6. Mai 1951 in Berlin, Diplomgermanist und Literaturhistoriker, wohnhaft in Berlin (Ost), vier Kinder. Schule in Sebnitz/Sachsen, Cottbus und Birkenwerder. Abitur an der Sonderschule für Körperbehinderte, Birkenwerder. Studium an der Humboldt-Universität Berlin, Diplom, Promotion an der Akademie der Wissenschaften der DDR. Präsident des Allgemeinen Behindertenverbandes in Deutschland e.V. "Für Selbstbestimmung und Würde" (ABiD). Seit 1975 Mitglied der SED. Mitglied des Parteivorstandes der PDS. Mitglied der Volkskammer der DDR vom März bis Oktober 1990. Mitglied im Ausschuß für Deutsche Einheit der VK. Mitglied des Bundestages seit 3. Oktober 1990. Landesliste Berlin.

Stachowa, Angela: Geboren am 16. August 1948 in Prag (CSFR), Schriftstellerin, wohnhaft in Leipzig, ein Sohn. 1955-1967 Grund- und Oberschule, Abitur. 1968-1972 Studentin an der TU Dresden, Diplom-Ingenieurökonomin (Spezialisierung Elektrotechnik/Elektronik). 1973-1976 wissenschaftliche Assistentin an der Karl-Marx-Universität Leipzig, Fachbereich Betriebswirtschaft. Freiberufliche Schriftstellerin, Mitglied IG Medien, Mitglied der Domowina, Bund Lausitzer Sorben. Kunstpreis der Stadt Leipzig. 1972-1989 Mitglied der SED, parteilos, Landesliste Sachsen.

V. Parteiorganisation:

PDS-Bundesschiedskommission (Stand Juli 1993): Graw, Gerhard; Haase, Heike; Jannausch, Marion; Müller, Andrea; Nelken, Michail; Pohnke, Kerstin; Rudolf, Claus; Zöller, Klaus; Schöneburg, Volkmar; Kuhls, Ines (Vorsitzende der Bundesschiedskommission, geboren 1960, Krankenschwester und Studentin der Rechtswissenschaft, lebt in Berlin Schöneberg).

PDS-Finanzrevisionskommission (Stand Juli 1993): Beirau, Gerda; Ehlert, Heidemarie; Knoop, Heidemarie; Manicke, Gerhard; Oschmann, Jürgen; Sattler, Hans.

Historische Kommission der PDS (Sprecherrat): Cerny, Jochen; Hofmann, Jürgen; Otto, Wilfriede; Prieß, Lutz.

Kommunistische Plattform (KPF): Die 5. Bundeskonferenz der Kommunistischen Plattform der PDS wählte folgende Verantwortliche:

Bundeskoordinierungsrat der KPF: Albrecht, Sybille (LV Berlin); **Beck, Lothar** (LV Brandenburg); **Brückner, Lothar** (LV Sachsen); **Burmeister, Wolfgang** (LV Meckl.-Vorp.); **Czichon, Eberhard** (LV Berlin); **Flegel, Frank** (LV Niedersachsen); **Ganka, Willi** (LV Thüringen); **Geipel, Ursula** (LV Sachsen);

Hecker, Thomas (LV Berlin); **Hertzfeldt, Lothar Dr.** (LV Berlin); **Höhmann, Ingo** (LV Meckl.-Vorp.); **Joachim, Vera** (Sachsen); **Kutschick, Siegfried** (LV Sachsen-Anhalt); **Marohn, Heinz Dr.** (Berlin); **Plate, Friedrich** (LV Sachsen-Anhalt); **Salpius, Bodo** (LV Brandenburg); **Schöwitz, Klaus-Peter** (LV Thüringen); **Schultz, Hans-Joachim** (LV Thüringen); **Stübing, Eva** (LV Brandenburg); **Ulbrich, Elke** (LV Sachsen).

Bundessprecher: Albrecht, Sybille (Berlin); **Czichon, Eberhard** (Berlin); **Hekker, Thomas** (Berlin, Hochschulgruppe Demokratischer SozialistInnen); **Marohn, Heinz** (Berlin); **Salpius, Bodo** (Brandenburg).

Nachfolgekandidaten der KPF für den Bundeskoordinierungsrat: Thieme, Walter (LV Sachsen); **Töpfer, Hans** (LV Sachsen).

Vertreter der KPF in Gremien der PDS: Benjamin, Michael, Prof. Dr., Berlin, Mitglied des Parteirats der PDS; **Hauke, Helene, Dr.**, Leipzig, Mitglied des Parteirats der PDS; **Wagenknecht, Sahra**, Mitglied des Parteivorstands der PDS.

Delegierte der KPF zum 3. Parteitag der PDS: Benjamin, Michael (Berlin), **Fritsche, Thomas** (Berlin), **Ganka, Willi** (Thüringen), **Hertzfeld, Lothar** (Berlin), **Marohn, Heinz** (Berlin), **Salpius, Bodo** (Brandenburg).

Presse der Kommunistischen Plattform der PDS: Mitteilungen der Kommunistischen Plattform der PDS; Herausgeber: Bundesrat der Kommunistischen Plattform der PDS; verantwortlich: **Mahrohn, Heinz**.

Funktionsträger der Landesverbände der PDS:

Baden-Württemberg:
Friederike Bünjer, Landessprecherin; Reinhard Neudorfer, Landessprecher; Richard Pitterle, Landesschatzmeister; für Wahlkampf: Andrea Grund.

Bayern:
Sima Sorayya, Landessprecherin; Gerhard Nagel, Landessprecher; für Wahlkampf: Bruno Engelhardt.

Berlin:
Petra Pau, Landesvorsitzende; Friedemann Reinhold, Landesgeschäftsführer; Sylvia Müller, Landesschatzmeisterin; Wahlkampfleiter: Jens-Peter Heuer; Peter Zotl, Fraktionsvorsitzender der PDS-Fraktion im AH; Uwe Melzer, Geschäftsstellenleiter.

Brandenburg:
Helmut Markov, Landesvorsitzender; Lothar Nicht, Landesgeschäftsführer; Uwe Hobler, Landesschatzmeister; Wahlkampfleiter: Klaus-Peter Kruger; Lothar Bisky, Fraktionsvorsitzender der Landtagsfraktion PDS/LL; Dieter Müntz, Geschäftsstellenleiter.

Niedersachsen/Bremen:
Hans-Henning Adler, Landesvorsitzender; Anna C. Heinrich, Landesvorsitzende; Rolf Köhne, Landesschatzmeister.

Hamburg:
Kirsten Radüge, Landessprecherin; Horst Bethge, Landessprecher; Susanne Beyer, Landesschatzmeisterin; Andreas Grünwald, Landesgeschäftsführer.

Hessen:
Rolf Gensert, Landesvorsitzender; Heike Schmüser, Landesvorsitzende; Harry Grünberg, Landesgeschäftsführer und Wahlkampfleiter; Wolfgang Bubori, Landesschatzmeister.

Mecklenburg-Vorpommern:
Helmut Holter, Landesvorsitzender; Helga Schwarzer, Landesschatzmeisterin; Regine Starkow, Geschäftsstellenleiterin; Gerd Röder, Wahlkampfleiter: Johann Scheringer, Fraktionsvorsitzender der Landtagsfraktion PDS/LL; Peter Voß, Geschäftsstellenleiter.

Nordrhein-Westfalen:
Sabine Steinbusch, Landessprecherin; Matthias Birkwald, Landessprecher; Dirk Küsters, Landessprecher; Rainer Biesgen, Landesschatzmeister.

Rheinland-Pfalz:
Tanja Schliebe, Landessprecherin; Hartmut Ritzheimer, Landessprecher; Gerrit Gill, Landesschatzmeisterin.

Saarland:
Carsten Müller, Landesvorsitzender; Michael Schmidt, Landesschatzmeister.

Sachsen:
Peter Porsch, Landesvorsitzender; Ingrid Mattern, Landesgeschäftsführerin; Gisela Wedekind, Landesschatzmeisterin; Wolfgang Denecke, Wahlkampfleiter; Klaus Bartl, Fraktionsvorsitzender der Landtagsfraktion PDS/LL; Andreas Graff, Geschäftsstellenleiter.

Sachsen-Anhalt:
Roland Claus, Landesvorsitzender; Michael Entrich, Landesgeschäftsführer; Rolf Bernhard, Landesschatzmeister; Hans-Joachim Winkelmann, Wahlkampfleiter; Roland Claus, Fraktionsvorsitzender der PDS-Landtagsfraktion; Rüdiger Ettingshausen, Geschäftsstellenleiter.

Schleswig-Holstein:
Kristina Kamph, Landessprecherin; Henning Nielsen, Landessprecher; Ulrich Schippels, Landesgeschäftsführer.

Thüringen:
Gabriele Zimmer, Landesvorsitzende; Knut Korschewski, Landesgeschäftsführer;

Werner Buse, Landesschatzmeister; Hans-Dieter Fritzschler, Wahlkampfleiter; Roland Hahnemann, Fraktionsvorsitzender der Landtagsfraktion PDS/LL; Lothar Adler, Geschäftsstellenleiter.

PDS-Wahlbüro: Auf seiner Sitzung am 21.12.1992 beschloß der Parteivorstand der PDS die Gründung eines Wahlbüros zur Leitung und Organisation des PDS-Wahlkampfes 1994. Leiter des Wahlbüros ist André Brie, verantwortlich für die operative Arbeit und die Organisation ist Roland Schröter. In das Wahlbüro wurden weiterhin berufen: Claudia Gohde, Hanno Harnisch, Helmut Scholz, Dr. Harald Pätzolt, Heidi Wagner, Friedemann Reinhold, Frank Schumann, je ein Vertreter der ostdeutschen Länder und aus der Bundestagsgruppe sowie zwei Vertreter der westdeutschen Landesverbände. Das Wahlbüro hat sein Sekretariat im Karl-Liebknecht-Haus. Es arbeitet unter der politischen Leitung des Parteivorstandes und berichtet ihm monatlich. Es koordiniert die Zusammenarbeit zwischen den Wahlbüros der ostdeutschen PDS-Landesorganisationen. Das Wahlbüro arbeitet mit einer Werbeagentur zusammen. Gemeinsam mit dem Parteivorstand führt es eine Spendenkampagne zur Bildung eines Wahlkampffonds der PDS durch. Der Leiter des Wahlbüros sowie der Verantwortliche für die operative Arbeit sind zeichnungsberechtigt für die Ausgaben für Wahlen und Werbung sowie für den einzurichtenden Wahlkampffonds.

AG PDS/Linke Liste westliche Bundesländer: Die 1. Delegiertenkonferenz der westlichen Landesverbände der PDS/Linke Liste am 22. Mai 1993 in Bonn beschloß nach § 7 des Statuts der PDS, eine "Arbeitsgemeinschaft PDS/Linke Liste westliche Bundesländer" (kurz AG PDS/Linke Liste West) als Zusammenschluß der westlichen Landesverbände zu konstituieren. Die satzungsmäßigen Rechte der einzelnen Landesverbände werden dadurch nicht berührt. Die AG soll die Kooperation der Landesverbände verstärken, gemeinsame politische Aktivitäten (einschließlich Wahlkämpfe) entwickeln und beraten, eine politische Arbeitsteilung organisieren, eine gemeinsame Bündnispolitik in den westlichen Landesverbänden entwickeln, den Aufbau der PDS/Linke Liste im Westen vorantreiben, die Kooperation der westlichen Landesverbände mit den Gremien der Gesamtpartei, den Landesverbänden Ost und der Bundestagsgruppe intensivieren, Aktivitäten zur Stärkung von Basisaktivitäten unternehmen und die publizistische, finanzielle und organisatorische Arbeit verbessern. Mitglieder der AG West sind die Landesverbände. Auch überregional wirkende IGs und AGs können in der AG West mitarbeiten.

Arbeitsausschuß der "AG PDS/Linke Liste westliche Bundesländer": Gunhild Böth (Nordrhein-Westfalen), Claudia Gohde (Hamburg), Heike Schmüser (Hessen), Kristina Kamph (Schleswig-Holstein), Horst Bethge (Hamburg), Harry Grünberg (Hessen), Andreas Grünwald (Hamburg) und Harald Werner (Niedersachsen/Bremen). Die "AG West" wird im Kreis der Landesvorsitzenden durch Harald Werner repräsentiert, bei den Landesgeschäftsführern durch Andreas Grünwald bzw. Harry Grünberg.

Koordination der Arbeitsbereiche der Landesverbände West:
Frieden/Antimilitarismus/Abrüstung: Kristina Kamph; Bildungspolitik: Gunhild Böth; Wissenschaftspolitik: Harald Werner; Antirassismus/Antifaschismus: Claudia Gohde; Rechtsradikalismus: Andreas Grünwald; Gewerkschaftspolitik: Horst Bethge; Wirtschaftspolitik: Horst Bethge; Sozialpolitik: Heike Schmüser; Ökologie: Gunhild Böth; Politische Bildung: Harald Werner; Kommunalpolitik: Heike Schmüser; Frauenpolitik: Kristina Kamph; Internationales/Europa: Harry Grünberg; Linke Parteien und Gruppen: Andreas Grünwald; Finanzen: Andreas Grünwald; Organisationspolitik: Andreas Grünwald; Interne Kommunikation: Andreas Grünwald; Öffentlichkeitsarbeit: Harry Grünberg; Wahlbüro: Harry Grünberg.

VI. Kandidatenliste der PDS für die Europawahl 1994:

Modrow, Hans, Dr. (Platz 1): Siehe oben IV.

Kaufmann, Sylvia-Yvonne, Dr. (Platz 2): Siehe oben II.

Schunter-Kleemann, Susanne, Prof. Dr. (Platz 3): Geboren 1942 in Berlin, Studium der Soziologie, Politikwissenschaft, Philosophie und Psychologie in Marburg und Berlin. 1964-1969 Engangement im Sozialistischen Deutschen Studentenbund (SDS). Mitglied des studentischen Konvents der Freien Universität Berlin. Studentische Hilfskraft am Max-Planck-Institut für Bildungsforschung, Auswertung der internationalen Literatur zum Verhältnis von "Student und Politik". Diplomarbeit und erste Buchveröffentlichungen über die amerikanische Studentenbewegung und die Studentenbewegungen der Dritten Welt. 1971-1980 Ehe mit dem Kunstmaler Peter Schunter. 1970-1975 wissenschaftliche Assistentin am Psychologischen Institut der FU Berlin im Bereich Arbeit und Produktion. 1975 Promotion am Otto-Suhr-Institut der FU Berlin (Dissertation über die Wissenschaftsentwicklung in der DDR 1975/76). Stipendium des DAAD zum Studium der chinesischen Sprache. Nach achtmonatigem Intensivkurs an der Universität Bonn Wechsel nach Bremen. Seit 1976 Hochschullehrerin an der Hochschule für Wirtschaft in Bremen, (später Hochschule Bremen, Sozial-, Politik- und Arbeitswissenschaften). Gewerkschaftsmitglied seit 1973 (ÖTV Berlin), seit 1976 GEW Bremen. 1981/82 Vorsitzende des Bezirks Gesamthochschule der GEW Bremen. Ab

1983 Vertreterin der GEW im DGB-Kreisfrauenausschuss Bremen. Vielfältige frauenpolitische Tätigkeiten u.a. Frauenarbeitskreis der DKP, Institut für Marxistische Forschung (IMSF). Kandidatur auf der (erfolglosen) Liste des Betrieblich Alternativen Bündnisses (BAL) zur Bremischen Bürgerschaftswahl 1983. 1984-1989 vielfältige Aktivitäten in der "Bremer Frauenrunde", einem übergreifenden kommunalen Frauenbündnis in Bremen. Seit 1985 Mitarbeit in der Arbeitsgruppe Alternative Wirtschaftspolitik (Memorandum Gruppe). Sozialhistorische, arbeitsmarkt-, sozial- und frauenpolitische Veröffentlichungen.

Fink, Heinrich, Prof. Dr. (Platz 4): Ehemaliger Rektor der Humboldt-Universität.

Paglia, Giuseppina (Platz 5): Geboren am 29.06.1968 in Crotone (Italien). Im Alter von 11 Jahren Emigration nach Deutschland. Mit 16 Metallfabrikarbeiterin. Mit 21 Ausbildung beim CGIL-Bildungswerk (Italienischer Gewerkschaftsbund). Danach Umschulung zur Bürokauffrau. Z.Zt. arbeitslos. Mit 21 Eintritt in die PCI. Gründungsmitglied der Rifondazione Communista. Sekretärin für die Föderation Deutschland und Mitglied des politischen Komitees von Rifondazione. Politische und praktische Betreuung italienischer Einwanderer.

Schumann, Fritz, Dr. (Platz 6): Siehe oben II.

Arnold, Marion (Platz 7): Geboren am 15. August 1951 im Großolbersdorf, verheiratet, zwei Kinder, wohnhaft Marienberg, Erzgebirge. Mitglied der PDS. Besuch der EOS in Marienberg. Parallel dazu Berufsausbildung zur Facharbeiterin für Qualitätskontrolle. 1970 Erwerb des Abiturs und Aufnahme eines Studiums an der pädagogischen Hochschule Zwickau, Fachrichtung Freundschaftspionierleiter/Staatsbürgerkunde (1974 Diplom). Seit Anfang 1990 aktiv in der Behindertenbewegung in Marienberg, Aufbau eines Behindertenkreisverbands. Seit 1991 Leiterin dieses Verbandes. 1992 Mitwirkung am Aufbau des Allgemeinen Behindertenverbandes in Sachsen. Seit Oktober 1992 ehrenamtliche Vorsitzende.

Mayer, Leonhard (Platz 8): Geboren am 6. Mai 1949, verheiratet, Elektroingenieur, beschäftigt als Software-Entwickler im Bereich Kommunikationstechnik der Siemens AG, München. 1968 politisches Engagement wegen des Vietnam-Krieges. Seit 1973 gewerkschaftlich engagiert. Betriebsrat und Vorsitzender der IG Metall Vertrauensleute in einem Münchner Siemens-Betrieb mit 15.000 Beschäftigten. Mitglied der Vertreterversammlung der IG Metall München. Mitinitiator der Bewegung gegen die Raketenstationierung und die Weltraumrüstung. Sprecher der betrieblichen Friedensinitiative und später der Kampagne von Informatikern und Naturwissenschaftlern zur Verweigerung der Mitarbeit am SDI-Projekt. Engagement in der Solidaritätsbewegung für Mittelamerika und Kuba. 1986 bis 1990 Beteiligung an Arbeitseinsätzen der "Hans-Beimler Brigade" der DKP in Nicaragua. Seit 1972 Mitglied der DKP, gegenwärtig einer der Sprecher der DKP München, seit 1991 Mitglied im Parteivorstand und in der Internationalen Kommission des Parteivorstandes.

Brentjes, Sonja, Dr. (Platz 9): Geboren 1951 in Halle, 1969 Abitur, Mathematikstudium an der TU Dresden (bis 1973), Forschungsstudium (Geschichte der Mathematik) am Karl-Sudhoff-Institut, Karl-Marx-Universität Leipzig (bis 1976), Promotion 1977, Dr. sc. nat. 1989, Dr. habil. nat. 1991. Assistentin am Karl Sudhoff-Institut (1976-1980), dort seit 1980 als wissenschaftliche Mitarbeiterin tätig. Zwischen 1991 und 1994 mehrere Stipendien und fellowships (Integrationsstipendium der Krupp- und Humboldt-Stiftung, Institut für Geschichte der Naturwissenschaften, Maximilians-Universität München, 1991 Paris: Université VIII und CNRS, 1991, 1992 Norman, Oklahoma: The University of Oklahoma, Rockefeller fellow, 1994 Princeton: Institut for Advanced Study, member und Feodor-Lynen-Stipendiatin, Humboldt-Stiftung). Funktionen in der Pionierorganisation und FDJ (GO-Sekretärin an der Sektion Mathematik; KL-Mitglied an der KKU). Betreuung westdeutscher Studentendelegationen, in diesem Rahmen Gespräche mit einem hauptamtlichen Mitarbeiter der Staatssicherheit. Funktion im FDGB am Karl-Sudhoff-Institut. SED-Mitglied seit 1970, PDS-Sprecherin der Basisgruppe im Bereich Medizin. 1. Sprecherin des Sprecherrates des Akademischen Mittelbaus der KMU und Mitglied des Vorstandes des Akademischen Mittelbaus der Universität Leipzig 1990/91.

Rump, Bernd (Platz 10): Jahrgang 1947, aufgewachsen in Klingenthal und Bad Blankenburg/Thüringen, eine Tochter. Nach dem Studium Ingenieurökonom für die Energiewirtschaft, Liedermacher, Dramaturg, Stückeschreiber. Bis 1990 Leiter des Schicht-Theaters zu Dresden-Reick, dann Aspirantur und Promotion zum Dr. phil. mit einer Arbeit zu Peter Weiss "Ästhetik des Widerstandes". Von November 1989 bis Juni 1993 Mitglied des Parteivorstandes der SED/PDS, PDS (Schwerpunkt: Kulturarbeit).

Seiffert, Edda (Platz 11): 37 Jahre alt, verheiratet, 3 Kinder, 1975 Beginn eines Philosophiestudiums an der Humboldt-Universität. Wechsel an die Karl-Marx-Universität (Fernstudium). Sachbearbeiterin in der Ingenieurschule für Bauwesen in Gotha. 1980 Bewerbung um Aufnahme in die SED. 1981 Abschluß des Studiums. Danach leitungsorganisatorische Aufgaben im HO-Kreisbetrieb in Gotha. Ehrenamtliche Funktionen in der Betriebsparteiorganisation. Kontakt zum MfS. Bis Januar 1987 Mitarbeiterin in der SED-Kreisleitung Gotha, anschließend bis Sommer 1988 Betriebszeitungsredakteurin im VEB Fahrzeugachsen, Gotha. Von Januar 1990 bis Dezember 1991 Tätigkeit in der PDS-Geschäftsstelle in Gotha (u.a. verantwortlich für den Bundestagswahlkampf 1990). Seit Frühjahr 1991 Mitglied des PDS-Landesvorstandes in Thüringen, seit Frühjahr 1992 stellvertretende Landesvorsitzende. Seit Herbst 1991 Mitglied der Grundsatzkommission (ehrenamtlich). 1993/1994 Fortbildung zur technischen Redakteurin.

Sanchez, Julian Manon (Platz 12), Spanien.

Anders, Sylvia, Dr. (Platz 13): Geboren 1948 in Berlin, aufgewachsen in Saalfeld und Berlin, verheiratet, zwei Kinder. Studium an der Bergakademie Freiberg, Abschluß 1971 als Diplom-Ingenieur Ökonomin. Anschließend Assistentin an der Akademie für Gesellschaftswissenschaften. Promotion mit einer Arbeit zur Strategie und Taktik der Streikkämpfe in kapitalistischen Industrieländern. Von 1979 bis 1990 Mitarbeiterin der Internationalen Abteilung des FDGB-Bundesvorstandes. 1992/93 ABM-Stelle als wissenschaftliche Mitarbeiterin für EG-Regionalpolitik und EG-Sozialpolitik. In der DDR aktiv in der FDJ. Seit 1967 in der SED, später in der PDS. Ehrenamtlich tätig in der AG Frieden und internationale Politik.

Turski, Wolf (Platz 14): Geboren am 21. April 1974 in Cottbus, Ausbildung als Koch/Restaurantfachmann, aus gesundheitlichen Gründen beide abgebrochen. 1994 Fachschule für Sozialpädagogik (Staatlich anerkannter Erzieher). Seit Ende 1990 Mitglied der AG "Junge GenossInnen". Sommer 1992 Teilnehmer an der Sitzblockade vor der "Internationalen Luftfahrtausstellung" gegen die Präsentation des "Jägers 90" und anderer Militärtechnik. Verfahren wegen Nötigung. 1992 Eintritt in die PDS.

Schulte, Hannelis, Dr. (theol.) (Platz 15): Geboren am 20. Dezember 1920 in Heidelberg. Nach dem Abitur 1939 und nach 9 Monaten Arbeitsdienst, 1940 Beginn des Studiums der Altphilologie und Theologie in Heidelberg und in Halle. Februar 1945 Examen an der theologischen Fakultät. 1947 Promotion in Heidelberg. 1949 Examen beim Oberkirchenrat der Evang. Landeskirche in Baden. Von Januar 1950 bis Januar 1981 Religionslehrerin vorwiegend an Gymnasien in Karlsruhe, Konstanz, Mannheim, Ebersbach, Weinheim und Heidelberg. Nach der Habilitation an der theologischen Fakultät der Universität Heidelberg Lehrveranstaltungen im Fach Altes Testament seit dem WS 1982/83. 1952 Eintritt in die Gesamtdeutsche Volkspartei unter Gustav Heinemann und Helene Wessel. 1960 Beteiligung an dem ersten "Ostermarsch" der Atomwaffengegner nach Bergen-Hohne. 1961 Organisation des "Sternmarsches" von Miltenberg nach Frankfurt, Stuttgart und Mannheim. Bis 1968 bundesweit mit der Organisation der Ostermärsche befaßt. 1961 Eintritt in die Deutsche Friedensgesellschaft (DFG) und in die Deutsche Friedensunion (DFU). 1962 DFG-Bundesvorstand, von 1966-74 Bundesvorsitzende. 1978-1990 Landesvorsitzende der DFU in Baden-Württemberg. Seit 1990 Mitherausgeberin des "Podium", einer der DFU nahestehenden Zeitschrift. In den siebziger und achtziger Jahren Mitherausgeberin der "Neuen Stimme", einer linken christlichen Zeitschrift. Mitglied der 1958 in Prag gegründeten Christlichen Friedenskonferenz (CFK), 1985 Wahl in das Internationale Sekretariat der CFK. Auch in der Bundesrepublik im Vorstand bzw. im Sprecherrat der CFK tätig. Seit 1969 Mitglied des Weltfriedensrates und Teilnahme an dessen Kongressen 1962, 1969 und 1973. Internationale Solidaritätsarbeit, zunächst mit Vietnam, dann mit Chile, Südafrika u.a.. Zweite Vorsitzende der Hilfsaktion Vietnam.

Tügel, Tanju (Platz 16).

Thrams, Beathe (Platz 17): Geboren 1961.

Koukoulas, Georgios (Platz 18): Geboren 1938 in Griechenland. 1960 Abitur. Bis 1963 Fotograf. 1959 Mitglied der Vereinigten Linken Partei Griechenlands. Verläßt Griechenland 1963. In der Bundesrepublik Hilfsarbeiter in der Metallindustrie. IG-Metall-Mitglied und Vertrauensmann. 1979 Beteiligung an der Gründung des Ausländerbeirates in Göttingen (Wahl zum Vertreter der Griechen). 1970 Eintritt in die Kommunistische Partei Griechenlands. Seit 1970 Betreiber eines Restaurants in Göttingen und später in Marburg (bis 1992). Aktiv im Bundestagswahlkampf der PDS 1990 tätig.

Die Autoren

Patrick Moreau

Dr. phil., Dr. rer. pol. habil., geb. 1951; Studium der Philosophie und Geschichte an der Universität Paris I - Sorbonne; seit 1985 als Wissenschaftler des Centre National de la Recherche Scientifique am Centre d'études d'histoire et de sociologie du communisme, Université de Paris X.

Veröffentlichungen u.a.: Die PDS, Anatomie einer post-kommunistischen Partei, Bonn 1992; Beiträge zur Krise und Anpassungsstrategie der kommunistischen Strömungen in der Bundesrepublik Deutschland und der ehemaligen DDR.

Viola Neu

M.A., geb. 1964, Studium der Politischen Wissenschaft, Germanistik und des öffentlichen Rechts in Mannheim. Wissenschaftliche Mitarbeiterin im Bereich Forschung und Beratung der Konrad-Adenauer-Stiftung.

Veröffentlichungen auf dem Gebiet der Wahl- und Einstellungsforschung.

Lieferbare Interne Studien

60/1993	*Hermann Hill/Helmut Hoffmann/Herbert König:* Berlin 2000. Beiträge zum Neubau der Verwaltung. Zusammenfassung
61/1993	*Helmut Hoffmann/Günter Dill (Hrsg.):* Ungarn. Beiträge zu einem Neubau der Verwaltung - Regierungs- und Verwaltungsmanagement
62/1993	Gesetze zur Gleichberechtigung von Männern und Frauen in Bund und Ländern: Eine vergleichende Dokumentation (2. überarbeitete Auflage in Vorbereitung)
63/1993/94	*Norbert Lepszy/Hans-Joachim Veen in Zusammenarbeit mit Stefan Beil*: "Republikaner" und DVU in kommunalen und Landesparlamenten sowie im Europaparlament
64/1993	Die Novellierung des Gentechnikgesetzes. Dokumentation eines Expertengesprächs am 20. Oktober 1993 in Bonn (Konzeption und Bearbeitung Dr. Norbert Arnold)
65/1993	Gewalt und Extremismus. Dokumentation einer Fachtagung vom 1. Juli 1993 in Erfurt
66/1993	*Prof. Dr. Hans Hugo Klein:* Maastrichter Vertrag und nationale Verfassungsgerichtsrechtsprechung. Vortrag und Diskussion bei der VI. Europäischen Rechtskonferenz der Konrad-Adenauer-Stiftung in Luxemburg, 18.11.1993
67/1994	*Silvia R. Schwarz-Jung/Helmut Hoffmann (Hrsg.):* Entwicklungsperspektiven für die ehemalige 5-km Sperrzone im sächsischen Vogtland - Gutachten -
68/1994	*Michael Inacker:* Zwischen Real- und Oppositionspolitik. Die außen- und sicherheitspolitische Diskussion der SPD am Scheideweg

69/1994 *Henning Walcha:*
Euro-Region Neisse - NISA - NYSA
Möglichkeiten grenzüberschreitender kommunaler Zusammenarbeit

70/1994 in Vorbereitung

71/1994 *Martin Malek:*
Der Präsident im politischen Kräftefeld Rußlands

72/1994 Lebensschutz und Sterbebegleitung
(Konzeption und Bearbeitung Dr. Rudolf Uertz)

73/1994 *Viola Neu:*
Das Wählerpotential rechter Parteien Ende 1993

74/1994 *Viola Neu:*
Das Wählerpotential der PDS Ende 1993

75/1994 *Hans Pflaumer/Henning Walcha (Hrsg.):*
Wohnraum schaffen. Elemente eines Aktionsprogramms